LES COMPAGNIES

DE

Colonisation

PAR

Eug. ÉTIENNE

Député

Ancien Sous-Secrétaire d'État des Colonies
Président du Groupe Colonial de la Chambre

ACCOMPAGNÉ DE NOTES EXPLICATIVES ET ANNEXES

PARIS

Augustin CHALLAMEL, Éditeur

17, RUE JACOB

LIBRAIRIE MARITIME ET COLONIALE

1897

LES COMPAGNIES

DE

COLONISATION

LES COMPAGNIES

DE

Colonisation

PAR

Eug. ÉTIENNE

Député

Ancien Sous-Secrétaire d'État des Colonies

Président du Groupe Colonial de la Chambre

Accompagné de notes explicatives et annexes

PARIS

Augustin CHALLAMEL, Éditeur

17, RUE JACOB

LIBRAIRIE MARITIME ET COLONIALE

1897

LES COMPAGNIES

DE

COLONISATION

PRÉAMBULE

Paris, Septembre 1897.

Ce n'est pas au vain désir de me réimprimer que je cède, en réunissant en brochure la série d'articles qui viennent de paraître dans le Temps sur les Compagnies de Colonisation.

Mais la bienveillance avec laquelle ces articles ont été accueillis dans les milieux parlementaires et dans le monde colonial, de même que l'intérêt que présente la question traitée qui est aussi attachante et aussi actuelle aujourd'hui qu'à l'époque déjà lointaine où je la soulevai pour la première fois, m'ont conduit à présenter sous cette nouvelle forme ma modeste et loyale contribution à l'étude du pressant problème de l'utilisation économique de notre domaine d'outre-mer.

En groupant ces articles épars dans les colonnes du Temps en une brochure facile à consulter et à conserver, je me suis borné à y apporter les quelques modifications de texte nécessitées par ce mode de publication, et à y ajouter les compléments indispensables que m'ont paru comporter et l'importance du sujet et le désir du lecteur d'avoir sous les yeux tous les éclaircissements et documents qui s'y rattachent.

Eug. ÉTIENNE.

CHAPITRE PREMIER

Politique d'extension territoriale

A deux reprises, dans le courant du mois de juin, les informations parlementaires du *Temps* annonçaient une bonne nouvelle à ceux qui, tous les jours plus nombreux en France, s'intéressent aux choses coloniales : le Sénat, ou plutôt une commission sénatoriale, prise d'un beau zèle, allait s'occuper activement de la question des compagnies de colonisation et, presque sans répit, avait rédigé un projet en quinze ou seize articles.

Ce qui donnait une certaine saveur à ces nouvelles, c'est que la question, qui paraissait intéresser à un si haut degré la commission sénatoriale présidée par l'éminent M. de Freycinet, était à l'étude depuis le 16 juillet 1891, date à laquelle le cabinet que présidait le même M. de Freycinet saisissait le Sénat d'un projet de loi à ce sujet.

Comment fut conçu ce projet qui faisait revivre une méthode coloniale de l'ancien régime, à quelles nécessité répondait-il, comment fut-il préparé et présenté au Sénat et pourquoi le Sénat ne l'a-t-il pas encore voté ni même porté à son ordre du jour ; pourquoi, en un mot, cette réforme, proposée aux délibérations du parlement il y a six ans, n'a-t-elle pas encore abouti, telles sont les questions que l'auteur du projet de loi voudrait étudier et tenter d'élucider.

Lorsqu'en 1889 je fus appelé pour la seconde fois à la direction de l'administration coloniale, je résolus de me consacrer tout d'abord à une tâche que les circonstances rendaient particulièrement urgente.

C'était l'époque des grands partages internationaux, des multiples revendications et appropriations de territoires, aussi bien en Afrique qu'en Asie et en Océanie (1). — Jusqu'alors la France avait paru surtout préoccupée de poser simplement les jalons de son domaine extérieur, faisant à cet effet valoir ses droits à la fois au Tonkin, à Madagascar, dans l'Ouest africain.

Mais les années 1889 et 1890 furent employées avec une telle ardeur par nos rivaux anglais, allemands et italiens à reconnaître, à explorer, à revendiquer toutes les terres vierges du globe que la France dût au soin de sa grandeur et de ses destinées africaines et asiatiques d'agir à son tour pour éviter d'être distancée, refoulée, annihilée un jour, dans les étroites limites qui avaient suffi à ses premières ambitions coloniales. De là, les prodigieux efforts tentés à la fois en Extrême-Orient et plus près de nous au Soudan, dans la bouche du Niger comme au nord du Congo, pour assurer à la France la part qui devait lui revenir dans le partage des nouveaux continents, qu'il aurait été criminel de livrer aux appétits de l'Angleterre seule, ou de l'An-

---

(1) Les anglais et les allemands venaient de se partager les archipels de l'Océan Pacifique Oriental. Ils venaient de s'entendre de même pour la main-mise sur les états du sultan de Zanzibar, s'attribuant ainsi, à l'exclusion de tous autres, une immense fraction de l'Afrique orientale. En Asie les Anglais achevaient la conquête de la Haute-Birmanie pour se rapprocher des provinces méridionales de la Chine, tandis que dans l'Afrique australe ils faisaient la tache d'huile jusqu'au Zambèze.

gleterre unie à l'Allemagne comme elle l'était alors.

Quand ma pensée se reporte vers cette période de notre histoire coloniale d'hier, où l'œuvre entreprise se poursuivait au milieu de redoutables obstacles extérieurs et intérieurs, je ne puis oublier certaine séance de la Chambre, où, à l'occasion de nos misérables difficultés premières avec Behanzin, je fus entraîné par les circonstances à dire, en face des prétentions de nos rivaux, quelle était la part de territoires que la France devait et entendait se réserver sur le continent africain.

Ce jour-là, le 10 mai 1890, j'osai parler d'une *perpendiculaire* qui, tirée de la limite orientale de la Tunisie et abaissée par le lac Tchad jusqu'au Congo, devait constituer la frontière intérieure de l'Afrique occidentale française (1). Cette perpendiculaire étonna, effraya. Les uns sourirent ; les autres levèrent les bras au ciel ; le visage de certains ministres s'assombrit et le lendemain je dus recevoir les fines remontrances de M. Françis Charmes dans les

---

(1) Voici en quels termes je m'exprimai, en répondant à la question posée au gouvernement par M. Boissy-d'Anglas, député.

Après avoir exposé la situation coloniale de la France sur la côte occidentale d'Afrique depuis le Sénégal jusqu'au Congo, j'ajoutai : « Vous pouvez de là embrasser d'un regard d'ensemble l'immense chemin parcouru.

« Eh bien, si vous abaissez une perpendiculaire (*Rires à droite*) cela vous fait rire (*Très bien, très bien, parlez*).

« Si vous abaissez une perpendiculaire qui, partant de la limite de la Tunisie et passant par le Tchad, vienne aboutir au Congo, vous pouvez dire que la plus grande partie des territoires compris entre cette perpendiculaire et la mer, en en exceptant, bien entendu, le Maroc et les possessions anglaises, allemandes et portugaises de la côte enclavées dans cet immense périmètre, sont à la France ou destinées à entrer dans la sphère de la France. (*Très bien. Applaudissements. Mouvements divers*).

« Nous avons là un beau et vaste domaine qu'il nous appartient de coloniser, de faire fructifier et, je crois qu'à l'heure actuelle, étant donné le mouvement d'expansion qui se produit dans le monde entier, alors que les marchés étrangers, se ferment devant nous et que nous entendons nous-même redevenir maîtres de notre propre marché, je crois, dis-je, qu'il est prudent de songer à l'avenir et de réserver au commerce et à l'industrie de la France les débouchés qui lui sont ouverts dans les colonies et par ses colonies. » (*Très bien. Applaudissements.*) (*Journal Officiel* du 11 mai 1890.)

Débats. Mais les événements se chargèrent bientôt de prouver que je n'avais ni parlé trop haut, ni vu trop grand.

La politique d'expansion trouva dans la *perpendiculaire* à la fois sa formule africaine et sa pensée directrice, qui fut, que dis-je, qui est encore, de réunir en un seul tout, par delà les côtes occupées par nos rivaux, les fractions éparses de nos possessions depuis la Méditerranée jusqu'au Congo.

Au même moment, l'intrépide Crampel, cet apôtre aux yeux bleus, aux regards inspirés, à la volonté forte, partait pour faire une réalité de ce rêve dont il ne se réveilla que dans la mort. Mais la pléiade de nos grands explorateurs s'élança aussitôt : le vaillant Monteil, du Sénégal vers le lac Tchad, et de là vers les rivages méditerranéens; l'énergique Mizon des bouches du Niger vers l'Adamaoua et le Congo, d'où l'infatigable Brazza marchait lentement et méthodiquement à sa rencontre, tandis que Ménard tombait, héroïquement comme Crampel, sur la route où il s'efforçait de marcher sur les glorieuses traces de Binger.

Quand, au lendemain du traité anglo-allemand du 1er juillet 1890 qui tendait à une sorte de partage de l'Afrique en dehors de nous et contre nous, il fallut négocier avec l'Angleterre sur la base de légitimes compensations, que demandèrent alors le ministre des affaires étrangères et le sous-directeur des protectorats, MM. Ribot et Hanotaux ? — La perpendiculaire tirée de la Méditerranée au lac Tchad (1).

---

(1) Nous ne voudrions pas qu'on pût se méprendre, comme l'ont fait quelques lecteurs, sur notre pensée. Nous n'avons pas entendu par là donner une approbation sans réserves au protocole du 5 août 1890 qui intervint alors entre la France et l'Angleterre. Nous estimons,

Telle était la politique d'expansion qui dominait alors au sous-secrétariat des colonies, comme une nécessité imposée par l'âpreté des compétitions étrangères, mais qui n'empêchait pas le chef responsable de cette administration de se préoccuper des moyens d'utiliser, de mettre un jour en œuvre les vastes et lointains territoires désormais teintés à nos couleurs sur les mappemondes.

---

en effet, que la clause qui fait arrêter le prolongement des possessions méditerranéennes de la France à la ligne Say-Barroua ne tenait pas suffisamment compte de nos légitimes revendications. Tel qu'il est cependant le traité du 5 août 1890 ne peut laisser de doute sur le sens qu'on a entendu lui donner, sur le but qu'on a voulu atteindre. Il ne s'agissait pas, comme l'ont prétendu depuis lors les Anglais, d'une convention de frontières communes, d'une délimitation de sphères d'influence respective. Qu'on se rappelle les faits, les circonstances. L'Angleterre avait mis la main sur Zanzibar, en violation du traité de 1862 garantissant l'indépendance du Sultanat. Par condescendance, nous consentons à la main mise de l'Angleterre sur Zanzibar moyennant une juste et équitable compensation. A ce titre l'Angleterre reconnaît le prolongement de nos possessions méditerranéennes jusqu'à la ligne Say Barroua. Nous étions de la sorte désintéressés de notre créance. Aussi n'avions-nous rien à stipuler de notre côté en faveur de l'Angleterre — à qui nous avons bien voulu cependant laisser la possession du Sokoto. Mais, en dehors du Sokoto, nous n'avons rien reconnu à l'Angleterre et nous n'avions rien à lui reconnaître. Au sud de la ligne Say-Barroua, la France et l'Angleterre restaient donc en présence, libres de leurs mouvements, maîtresses d'agir et de faire valoir leurs revendications. Tel est à mes yeux, tel doit être le sens de l'arrangement du 5 août 1890, bien qu'il ait été conclu, malgré son caractère éminemment colonial, en dehors de toute entente avec le sous-secrétariat des colonies, qui n'en eut connaissance qu'après sa signature

CHAPITRE II

Politique d'utilisation économique

Assurer avant tout la formation territoriale du domaine extérieur de la France au moment où les puissances européennes se jetaient sur les terres nouvelles pour s'en approprier les derniers lambeaux encore disponibles, était et devrait être assurément l'objectif principal de toute politique coloniale. N'est-il pas naturel que la fondation des colonies soit soumise à des règles analogues à celles qui régissent la constitution territoriale des États eux-mêmes ? Mais l'analogie doit cesser quand il s'agit de fixer la durée et le terme de l'évolution des uns et des autres. Si l'histoire nous apprend que les États passent par de longs siècles de luttes défensives et offensives avant de réaliser leur unité, l'on ne saurait admettre que les possessions enfantées de leur plein gré par des métropoles prévoyantes fussent astreintes à un tel stage avant d'atteindre leur complet développement.

Interrogez officiers et fonctionnaires sur l'avenir économique de telle ou telle colonie et déplorez devant eux la médiocrité de certains résultats obtenus et ils vous répondront aussitôt : « Mais la France a mis des siècles pour arriver à son état actuel de prospérité. Pourquoi vouloir exiger que les colonies accomplissent en un jour un travail séculaire ? » (1).

Si ardemment convaincu que j'aie été et que je sois encore de l'utilité de l'expansion coloniale de mon pays, je me refuse à considérer au même point de vue, à mettre en parallèle les nécessités inéluctables, qui à travers les siècles ont présidé à la formation de l'unité nationale et les difficultés inhérentes à toute création d'établissement d'outre-mer. Pour faire justice d'une argumentation qui choque le patriotisme et le bon sens, il suffit de rappeler qu'un peuple ne choisit pas sa patrie, tandis qu'une métropole a le droit de choisir ses colonies, que la patrie est tenue de se mouvoir et de grandir, sous peine de disparaître, dans le cadre territorial où elle est née, tandis que ses convenances seules doivent la guider dans le choix de ses colonies.

En d'autres termes, l'idée de patrie repose sur l'idée du devoir, alors qu'au contraire le fondement de l'idée coloniale n'est et ne peut être que l'intérêt bien entendu qui pousse une nation à sortir librement de ses frontières, à se répandre de son plein gré au dehors. Ainsi, il apparaît clairement que le seul critérium à appliquer à toute entreprise coloniale, c'est son degré d'utilité, c'est la somme d'avantages et de profits devant en découler pour la métropole.

Ce caractère utilitaire de l'expansion coloniale me paraît, quant à moi, hors de doute. Si je n'avais pas eu le sentiment profond, l'intime conviction qu'après la période de conquête s'ouvrirait, avec une égale ampleur et un égal

---

(1) Voir notamment ce qu'à écrit dans cet ordre d'idées, M. le colonel Humbert, de l'artillerie de marine, alors qu'il était commandant supérieur du Soudan, et en communion d'idées avec MM. Desbordes et Archinard, dans une conférence faite à la Société de Géographie de Paris en 1891, et parue dans le Bulletin de cette Société.

succès, la période de la mise en valeur, de l'utilisation économique de ces territoires, je le dis ici avec une entière franchise, j'aurais considéré comme un devoir patriotique de ne pas engager mon pays dans des entreprises où il n'aurait recueilli que des satisfactions platoniques, même une gloire éphémère, mais aucun profit certain et durable.

Je l'avoue hautement, j'avais alors une toute autre impression et je sentais que, dans cette marche impétueuse de l'ancien monde vers les nouveaux continents, la France réussirait, non seulement à donner un corps aux rêves brillants de son imagination, mais aussi et surtout à assurer, dans la populeuse Asie, dans la ténébreuse Afrique, d'inépuisables reserves à l'activité de ses industriels, de ses commerçants et de ses agriculteurs.

Mais comment obtenir un pareil résultat ? Comment parvenir à exploiter utilement, à mettre en valeur ces immenses territoires presque inconnus, à peine jalonnés par les courses rapides de nos vaillants explorateurs ou l'éphémère passage d'une colonne militaire.

Tel était le grave problème qui se posait et qu'il importait à mes yeux de résoudre avec sûreté, décision, promptitude.

CHAPITRE III

Solution du problème colonial

Le problème colonial varie suivant les époques. Il a tout d'abord consisté à acquérir, à conquérir des Colonies. Mais l'empire colonial de la République une fois fondé, le problème changeait d'objet : il s'agissait alors d'assurer à tout prix l'utilisation pratique, le judicieux emploi des territoires acquis ou conquis, sans quoi l'œuvre coloniale serait vaine et stérile. Il fallait, à cet effet, rechercher et employer l'instrument approprié à une aussi rude et urgente entreprise.

Mais où trouver cet instrument pour un tel domaine immense, inexploité et difficilement exploitable ? De quel secours pouvaient être les procédés habituels de la colonisation administrative, telle que nous l'avions entendue en Algérie et dans les petites colonies que les traités de 1815 nous avaient laissées ? La tâche à entreprendre était nouvelle pour la France du dix-neuvième siècle à qui la grande œuvre révolutionnaire et l'épopée napoléonienne avaient désappris son ancien rôle colonial. L'initiative individuelle et la médiocrité des efforts ainsi réalisés là où ces efforts étaient le mieux réalisables proclamaient hautement la nécessité de recourir à un système, à des procédés mieux en rapport avec la grandeur et les difficultés de l'œuvre à accomplir (1).

C'est alors que je songeai à doter la France républicaine de la fin du dix-neuvième siècle, maitresse d'un vaste empire colonial encore inutilisé, inexploité, de l'outil, de l'instrument qui avait fait l'ancienne France grande et forte par ses colonies et dans ses colonies (2).

J'avais précisément sous les yeux les exemples d'une puissance coloniale qui avait depuis quelques années mis en pratique et remis en honneur la méthode de la colonisation par les compagnies privilégiées.

Sur trois vastes régions de l'Afrique, l'Angleterre avait appliqué cette méthode avec un plein succès : sur la côte occidentale, dans l'Est africain et dans l'Afrique australe. Comment avait-elle procédé? — Dans des conditions aussi simples qu'efficaces, qui peuvent se résumer ainsi : une

---

(1) Dans l'intéressant exposé des motifs d'une proposition de loi déposée récemment par M. Bazille sur le bureau de la Chambre, l'on trouve un curieux tableau contenant en regard pour une période de 10 années, de 1885 à 1894, le chiffre annuel des dépenses totales affectées aux Colonies et celui des dépenses ayant le caratère de dépenses de colonisation proprement dite, et l'on constate que le chiffre moyen des dépenses de colonisation — libellées *Introduction de Travailleurs aux Colonies,* — a été pour cette période de 41,000 fr. par an contre une dépense moyenne annuelle de 70 millions pour les Colonies. Ces chiffres suffisent à caractériser ce qu'a été, ce qu'est, ce que sera la colonisation administrative, la colonisation individuelle en France.

(2) On ne saurait nier que la Constitution de l'empire colonial de l'ancienne France ne soit due aux Compagnies privilégiées. La liste ci-après des Compagnies crées au XVIIe et au XVIIIe siècles témoigne éloquemment de la prodigieuse activité coloniale de nos devanciers. La voici par ordre de date :

1625. — Cie de la Nacelle Fleurdelysée.	1664 (août) — Cie des Indes orientales
1626. — Cie des Iles d'Amérique.	1669. — Cie du Nord.
1627. — Cie des cent associés ou du Canada.	1670. — Cie du Levant.
1635. — Cie de l'Ile Saint-Christophe.	1673. (novembre) — Cie du Sénégal.
1638. — Cie du Cap Nord.	1679. — 2me Cie du Sénégal.
1642. — N[lle] Cie de l'Ile Saint-Christophe.	1683. — Cie de l'Acadie.
1642. — Cie de Madagascar ou des Indes Orientales.	1685. — Cie de Guinée.
1649. — Privilège aux Montmorency « *pour faire des Colonies* » notamment à la Guyane.	1675. — 3me Cie du Sénégal et Cap Vert.
	1697. — Cie de la Chine.
1660. — Cie Parisienne du Cap Nord.	1968. — Cie de Saint-Domingue.
1664 (mai). — Cie des Indes occidentales.	1702. — Cie de l'Assiento.
	1706. — Cie de la Vente des Castors.
	1712. — 2me Cie de la Chine.
	1715. — 3me Cie de la Chine.

compagnie commerciale se constitue, ayant à sa tête des personnages considérables dans l'État. Cette compagnie, qui est soutenue, encouragée, qui a confiance en elle-même et dans son gouvernement, jette son dévolu sur telle ou telle région généralement et incomplètement inoccupée. A peine en possession, elle se fait octroyer une charte qui lui permet d'agir avec autorité, d'être sûre du lendemain ; puis elle s'avance, s'étend dans les diverses directions, occupe quelques points choisis avec discernement, d'où elle prétend dominer tout le pays ; mais son extension territoriale ne l'absorbe pas au point de lui faire perdre de vue le côté pratique des choses ; elle s'installe là où le commerce l'attire et, de la sorte, en peu de temps, son œuvre est doublée. Elle exploite tout un vaste territoire, au nom et dans l'intérêt de ses actionnaires, tandis qu'elle le détient ou le revendique, avec tous les pays d'alentour, au nom et pour le compte de l'Angleterre. Aussi les résultats ne se font-ils pas attendre : la main-mise politique marche parallèlement avec l'utilisation économique, quand celle-ci ne précéde pas celle-là.

Pourquoi laisser à l'Angleterre le monopole d'un pareil système ? Pourquoi n'en ferions nous pas l'essai en France avec les modalités particulières que nous jugerions utiles, notamment en élargissant au besoin le rôle économique des compagnies et en mettant au second plan leur action politique, à laquelle du reste, l'initiative gouvernementale n'avait laissé que peu à faire dans cet ordre d'idées ? (1)

---

(1) Dans l'ancienne France, comme en Angleterre, les Compagnies Coloniales ont été à la fois un instrument de conquête politique et d'utilisation économique. Mais le fait que le gouvernement de la République a pris à sa charge l'œuvre politique, ne saurait nous dispenser — au contraire — d'avoir recours à cet instrument pour l'œuvre économique, qui reste toute entière à accomplir. L'on pourait soutenir, en effet, que là où, comme dans le passé

Tel était l'état d'esprit qui régnait alors à l'administration coloniale, et lorsque le sous-secrétaire d'Etat ouvrit les travaux du Conseil supérieur des colonies, le 21 janvier 1891, il exprima en ces termes les sentiments qui l'animaient lui-même :

« Il est indispensable d'imiter ce que d'autres puissances n'ont pas hésité à faire à l'égard des sociétés commerciales. L'Angleterre, l'Allemagne, l'Italie, le Congo indépendant, la Hollande ont concédé des chartes à privilèges qui donnent à des sociétés la libre possession de certains territoires, avec obligation pour elles d'y créer des routes, d'y améliorer le cours des fleuves, d'y cultiver le sol, mais aussi avec la sécurité que personne ne pourra venir derrière elles jouir et bénéficier de leurs dépenses et de leurs efforts. Ces puissances ont justement pensé que l'effort individuel ne pouvait pas intervenir utilement dans des pays où l'élément européen n'a pas encore pénétré, où de nombreuses expériences sont à faire, où les frais généraux sont lourds à supporter pendant les premières années.

Des sociétés à capitaux puissants, au contraire, peuvent supporter les difficultés des premières années sans se lasser ni se décourager. Il n'est que temps d'imiter nos voisins si nous voulons tirer profit de notre vaste domaine colonial ».

Ces idées étaient dans l'air et, en les exprimant, le sous-secrétaire d'État des colonies ne faisait que traduire le sentiment général et sa propre pensée. C'était un premier pas,

---

pour quelques anciennes compagnies françaises, et plus près de nous pour certaines Compagnies anglaises et allemandes, il y a eu échec de l'entreprise, c'est que la conquête politique, — qui est trop souvent synonyme de conquête militaire — a imposé à la Compagnies des charges au-dessus de ses forces et qui ont eu pour résultat de nuire à l'œuvre économique. Gerald Rohls, le grand explorateur allemand, a dit avec raison à propos de la Compagnie allemande de l'Est africain : « Une Compagnie a peine à supporter des dépenses militaires. » Ce qui nous permet de conclure qu'en France, où la conquête politique et militaire est aujourd'hui un fait accompli, les conditions sont particulièrement favorables pour la création et le succès de Compagnies coloniales à qui n'incomberait qu'une mission presque exclusivement économique qu'elles seraient d'autant plus en état de remplir.

suivi bientôt de plusieurs autres, qui semblaient dénoter le désir d'aboutir.

L'idée nouvelle était trouvée: il fallait maintenant lui donner une formule pratique adéquate.

CHAPITRE IV

Études préparatoires

A partir du moment où la politique coloniale du gouvernement de la République s'affirma et où l'on vit apparaître dans les nouvelles quotidiennes des journaux, sur les cartes teintes à nos couleurs, le résultat visible de ses efforts, l'opinion publique en France ne cacha pas la faveur avec laquelle elle suivait le mouvement imprimé à de telles entreprises ; s'attachant de préférence à tout ce qui dénotait l'âpreté des compétitions étrangères, le public était surtout entraîné à ne voir dans nos succès que la douce satisfaction de triompher de nos rivaux anglais ou allemands.

Mais, il faut le dire à la louange de notre pays si longtemps indifférent, sinon hostile aux entreprises coloniales, il y avait aussi une notable fraction du monde commercial ou industriel qui regardait plus loin et songeait d'ores et déjà à tirer parti des vastes territoires sur lesquels nous venions de mettre hâtivement la main, et qui pouvaient être pour nous un précieux appoint dans la lutte économique qui s'annonçait plus meurtrière que jamais.

N'était-ce pas le moment où la libre-échangiste Angleterre proclamait, par la bouche de lord Salisbury, ce nouveau principe de politique coloniale, à savoir « combien sont étroitement enlacées de nos jours les questions de liberté commerciale et de suprématie territoriale », ajoutant, pour préciser sa pensée, que « toute parcelle de territoire, qui n'est pas sous la protection du pavillon britannique, pourrait être, à un moment donné, fermée au commerce anglais (1). »

C'est dans le même ordre d'idées qu'en France on semblait alors considérer le mouvement colonial et que l'on applaudissait à notre extension territoriale, et ces sentiments avaient fini par passer du monde officiel et des milieux coloniaux dans le monde des affaires lui-même (2). C'était d'un heureux présage. Aussi, dans cette période, les demandes de concessions, les projets d'exploitation commerciale et industrielle affluèrent à l'administration des colonies.

Le gouvernement dut se préoccuper des mesures à prendre pour utiliser les bonnes volontés naissantes; l'idée de recourir à la création de grandes compagnies flottait bien dans l'air, mais encore si vague, si indécise, qu'on ne

---

(1) Voir le discours prononcé par Lord Salisbury à Glasgow en recevant le droit de bourgeoisie le 19 mars 1890.

(2) Certaines mesures prises par l'administration avaient préparé le terrain et donné l'éveil, notamment la concession forestière que je venais d'accorder sur la rive gauche de la Cazance (Décret du 14 août 1889) et la concession des îles Tristao (Décret du 26 décembre 1889). Mais l'initiative qui avait été le plus remarquée était l'entente que je venais de conclure avec M. Christophe, gouverneur du Crédit foncier, à l'effet de constituer une Compagnie commerciale et industrielle du Congo français, qui se chargerait des études et ultérieurement de l'établissement d'une voie de communication entre Brazzaville et la mer, la Compagnie ne devant recevoir pour rémunération que des terrains à mettre en valeur dans la région. (Voir décret du 21 janvier 1890). C'était, la date du décret le prouve surabondamment, la première application en France, de ce qu'on s'est plu tout récemment à appeler la *méthode américaine* de construction de chemins de fer. M. André Lebon, ministre des colonies, en proposant en ce moment même de recourir à ce système pour une route à peage et un chemin de fer à Madagascar, n'a fait que suivre la voie que je revendique l'honneur d'avoir tracée, et où M. Delcassé eut le courage et le mérite de s'engager à son tour (Décret du 22 avril 1893), en vue de la création d'une voie française entre le Congo navigable et la mer. L'échec complet de la tentative de 1890, l'insuccès relatif de celle de 1893, tout en étant de nature à nous faire réfléchir, ne peuvent que nous conduire à souhaiter que M. André Lebon soit plus heureux à Madagascar, que ses prédécesseurs au Congo français.

pouvait songer à étayer sur elle le mode d'utilisation économique de nos colonies nouvelles. Que faire cependant? Que répondre à tous ces demandeurs en concessions, parmi lesquels beaucoup semblaient sincèrement désireux de faire œuvre utile?

Une commission, suprême ressource des gouvernements, fut constituée et mon ami Jules Roche, se souvenant qu'il était ministre des colonies en même temps que du commerce, tint à organiser et à présider lui-même cette commission qui devait, d'une part, examiner les demandes de concession dont l'administration coloniale était saisie et, d'autre part, rechercher la base légale du droit du gouvernement de disposer des territoires coloniaux (1). C'était la question du domaine qui se posait dès lors, ainsi que celle plus intéressante et plus haute de savoir, non pas à qui de l'État ou de la colonie appartenait le sol colonial, mais quel était le plus sûr moyen d'assurer l'utile disposition et le meilleur emploi de ces terres nouvelles et inconnues.

Cette commission était dans tous les sens du mot une commission administrative, comprenant cinq éminents

---

(1) J'ai conservé le souvenir que les demandes de concession soumises à la Commission étaient fort nombreuses, émanant soit de personnalités importantes du commerce colonial, soit d'explorateurs réclamant le bénéfice des découvertes qu'ils avaient faites, soit de financiers qui semblaient sérieusement disposés à tenter l'exploitation des richesses coloniales, par les capitaux français. Dans la plupart de ces projets — sauf celui de M. Verstraet, qui était relatif à la concession des territoires du Soudan, avec obligation de continuer le chemin de fer de Kayes jusqu'au Niger, et celui de M. Olivier de Sanderval, qui après deux missions d'exploration au Fouta Djallon, demandait l'autorisation de s'y installer en bénéficiant des avantages que les chefs indigènes lui avaient réservés par traité — il ne s'agissait que de ces concessions partielles et limitées qui n'avaient qu'un vague lien avec les actes constitutifs des Compagnies de colonisation. Rien ne se serait donc opposé à ce que ces demandes reçussent la suite qu'elles comportaient, si l'étude de la question des Compagnies de colonisation, qui était à l'ordre du jour, n'était venue faire ajourner en bloc, jusqu'à sa solution, l'examen de tous les dossiers se rattachant de près ou de loin à ce mode d'exploitation coloniale.

représentants du Conseil d'État (1), en même temps qu'un délégué des ministères de la justice, de l'intérieur, des affaires étrangères et de la marine ; il y avait aussi un professeur de droit, un ingénieur des ponts et chaussés et le vice-président de la Chambre de commerce de Paris (2). Quant au sous-secrétariat d'État des colonies, dans cette commission chargée d'une œuvre si essentiellement coloniale, il comptait également *un* représentant, plus le sous-secrétaire d'État lui-même.

Mais qu'importe la composition si éminemment administrative de la commission si, malgré cela, elle aboutit à une conclusion tout à fait favorable à la constitution des Compagnies de la colonisation. Ne faut-il pas, au contraire, souligner ce résultat comme une affimation de l'excellence de la méthode d'exploitation ainsi préconisée, pour les colonies, par des hommes peu enclins aux exagérations et aux nouveautés coloniales ? Et comme pour accentuer cette particularité digne d'attention, ce fut sur un remarquable rapport de l'homme à l'esprit si fin et si cultivé, le très distingué M. Cazelles, à qui M. Constans, ministre de l'intérieur, avait confié la direction de la sûreté générale, que la commission adopta un programme de colonisation en six articles basé sur la création des compagnies privilégiées (3).

---

(1) Au premier rang, M. Alfred Picard, président de section, cet homme extraordinaire, qui joint à une puissance de travail sans égale, une hauteur de vues, une universalité de connaissances qui le rendent supérieur à toutes les tâches, si nombreuses et si lourdes soient-elles, qu'il assume. Les conseillers d'État étaient MM. Dislère, ancien directeur des Colonies, alors directeur du commerce extérieur, Jacquin, Cazelles, et le regretté M. Armand Rousseau.

(2) MM. Léveillé, Armand Duportal et Hiélard.

(3) Il me paraît utile de publier ici le rapport de M. Cazelles, qui est inédit et qui a le mérite de servir d'exposé des motifs au projet adopté par la commission. Ce rapport n'ayant pas été communiqué au Conseil supérieur des Colonies, la remarque en fut faite par Jules Ferry, je me félicite de l'avoir conservé et de pouvoir ainsi, dans une certaine mesure, réparer

Ce n'est pas qu'il n'y eût dans la commission que des membres favorables ; le représentant du ministre des affaires étrangères, qui présidait alors comme sous-directeur des protectorats à sa future et très brillante carrière ministérielle, ne cachait pas son hostilité, qui reposait moins sur des raisons immédiates que sur des souvenirs historiques dont l'historien de Richelieu était plus que tout autre profondément nourri. Le rôle de certaines compagnies coloniales au dix-huitième siècle le hantait et quand nous discutions amicalement à ce sujet, il ne cessait de me dire : « Il suffit de lire l'*Encyclopédie* pour condamner les compagnies coloniales ».

Ainsi mis en demeure par M. Hanotaux je ne manquai pas de me reporter à l'*Encyclopédie*, et, non sans satisfaction ni sans surprise, j'y lus ce qui suit :

« Les compagnies ou communautés privilégiées, ont commencé dans les temps de barbarie et d'ignorance où les mers étaient couvertes de pirates, l'art de la navigation grossier et incertain et où l'usage des assurances n'était pas connu ; alors il était nécessaire à ceux qui tentaient la fortune au milieu de tant de périls de les diminuer en les partageant de se soutenir mutuellement et de se réunir en corps politique. L'avantage que les États en retiraient fit accorder des encouragements et une protection spéciale à ces corps ; ensuite les besoins de ces États et l'avidité des marchands perpétuèrent insensiblement ces privilèges sous prétexte que le commerce ne pourrait se faire autrement. Ce préjugé se dissipa entièrement à mesure que les peuples se policaient et que les connaissances humaines se perfectionnaient parce qu'il est plus commode d'imiter que de raisonner et encore aujourd'hui (1780), bien des gens pensent que dans certains cas, il est utile de restreindre la concurrence.

cette omission. On le trouvera aux annexes (Annexe A) ainsi que le texte définitivement adopté par la Commission elle-même (Annexe B).

Un de ces cas particuliers que l'on cite est celui *d'une entreprise nouvelle, risquable et coûteuse. Tout le monde conviendra sans doute que celles de ce genre demandent des encouragements et des grâces particulières de l'Etat* (1).

On ne saurait mieux dire, et j'avoue que la lecture de l'*Encyclopédie* sur laquelle M. Hanotaux comptait pour me faire abandonner mes idées, produisit sur moi un tout autre effet. Il me parut certain, évident que le fait d'aller coloniser, exploiter telle partie de notre Soudan, par exemple, ou de la boucle du Niger ou des territoires arrosés par le Haut-Oubanghi ou la Haute-Sangha constituait au premier chef, suivant la forte expression de l'*Encyclopédie* « une entreprise nouvelle, risquable et coûteuse » ayant droit, par suite, à des « encouragements et grâces particulières de l'État ».

D'ailleurs, les auteurs le l'*Encyclopédie*, doutant un peu d'eux-mêmes sur cette question en somme assez mal connue en France, ont préféré s'en référer à l'opinion d'un économiste anglais Josias Child (2) qui écrivait en 1668 :

« Les compagnies me paraissent absolument nécessaires pour faire le commerce dans les pays avec lesquels Sa Majesté n'a point d'alliance, ou n'en peut avoir, soit à raison des distances, soit à cause de la barbarie des peuples qui habitent ces contrées, ou du peu de communication avec les princes de la chrétienté, enfin partout où il est nécessaire d'entretenir des forts et des garnisons.

---

(1) Voir *Encyclopédie, ou Dictionnaire raisonné des Sciences, des Arts et Métiers par une Société des gens de lettres, mis en ordre et publié par MM. Diderot et d'Alembert*, Paris 1753. Tome III, pages 740 et 741.

(2) Sir Josias Child est un économiste anglais justement apprécié. Les auteurs de l'*Encyclopédie* l'appellent « l'un des plus habiles hommes de l'Angleterre dans le Commerce, » Il passe pour avoir été l'un des directeurs de la Compagnie anglaise des Indes au 17ᵉ siècle, mais le fait est contesté. Il a publié des ouvrages fort vantés d'économie politique ; le passage cité par l'*Encyclopédie* est extrait d'un traité qui parut à Londres en 1668 sous le titre : *« Brief observations concerning trade and the interest of Money.* »

Tel est le cas du commerce à la côte d'Afrique et aux Indes orientales. »

Le principe posé par l'économiste anglais et accepté par l'*Encyclopédie* reste aussi vrai aujourd'hui qu'autrefois. La seule différence, c'est qu'au dix-septième et au dix-huitième siècles, ce principe était appliqué aux régions du littoral africain alors inconnues et inoccupées, tandis qu'aujourd'hui nous ne songeons qu'aux vastes et mystérieux hinterlands.

Voilà donc la méthode d'exploitation coloniale par les compagnies privilégiées — préconisée par qui ? — par les philosophes auxquels mon ami, M. Hanotaux me renvoyait, et qui, au nom de leurs principes qui allaient être ceux de la Révolution française, condamnaient cette méthode, non dans les terres nouvelles de la « *Chrétienté* » mais dans les pays où la concurrence pouvait et devait se donner libre carrière.

CHAPITRE V

Grave question de procédure. — Loi ou décret ?

A en juger d'après les premiers résultats obtenus, il semblait alors que la question des compagnies de colonisation fût de celle dont la solution attendue était prochaine. Un projet de loi en six articles n'était-il pas sorti tout armé du cerveau de la commission administrative dont le gouvernement avait sollicité les lumières spéciales ? Quant à la presse, elle était favorable et l'opinion publique paraissait sincèrement intéressée.

Par une autre bonne fortune, le conseil supérieur des colonies, ce Parlement colonial au petit pied, nouvellement réorganisé, allait se réunir après de longues années de chômage (1).

Le Conseil Supérieur des colonies avait été créé par M. Félix Faure en 1883. L'institution était vraiment utile et rendit service. Mais la composition trop exclusivement métropolitaine de ce Conseil le fit peu à peu laisser de côté. Désirant faire appel à son concours, je résolus de le réorganiser, ce qui eut lieu par décret du 29 Mai 1890, qui créait quatre sections correspondant à un groupement méthodique et géographique de nos possessions et qui y introduisait, à l'instar des Conseils de l'Inde anglaise et de l'Inde néerlandaise, des personnalités du monde colonial proprement dit. Il en résulta une augmentation du nombre des membres, qui depuis lors a été présentée comme un empêchement de réunir une assemblée aussi considérable. L'on a perdu de vue que dans la pratique courante la consultation de la Section compétente du Conseil Supérieur devrait largement suffire et qu'il fallait réserver la réunion de l'assemblée plénière pour les cas où l'importance exceptionnelle de la question pourrait l'exiger. C'est ainsi que j'ai deux fois réuni en 1891 le Conseil tout entier, pour le tarif général des douanes d'abord, pour le projet des Compagnies de Colonisation ensuite. Bien que trop rarement consulté, le Conseil Supérieur des Colonies n'en a pas moins résisté aux vives critiques dont il a été l'objet. C'est un instrument qui est là et dont on doit se servir. M. André Lebon l'a complété par la création d'un Comité permanent peu nombreux, ayant un caractère technique, mais qui me paraît avoir, comme le Conseil de 1883, une composition trop administrative et trop métropolitaine pour le rôle si complexe et si étendu qu'on lui ferait jouer.

Il me parut qu'il convenait de faire appel à son concours pour l'examen de cette question qui était tout à fait de son ressort et que cette assemblée, composée de tout ce qui constituait l'élite coloniale du pays, était en mesure d'étudier avec toute l'ampleur nécessaire.

Les espérances fondées sur cette collaboration du conseil supérieur des colonies ne furent pas déçues. On connait le très remarquable rapport qui fut présenté au nom d'une commission du conseil supérieur par M. Paul Revoil et qui, à l'heure actuelle, constitue, avec un rapport personnel de M. Lavertujon au Sénat, le document le plus complet, le plus considérable sur la question. Lorsque ce rapport vint en discussion en séance plénière devant le conseil supérieur, quelques membres hostiles au projet, comme à tout ce qui émanait de l'administration des colonies, prirent à tâche d'incriminer cette administration à raison de certaines solutions préconisées par la commission dont M. Revoil avait été le brillant interprète.

Et cependant la commission s'était prononcée en pleine indépendance, sans aucune intervention directe ou indirecte du sous-secrétaire d'État des colonies qui n'y était représenté que par un seul membre. Mais à défaut de représentants de l'administration, la commission comprenait toutes les plus importantes personnalités commerciales des colonies et c'est à la lumière de leurs explications qu'elle s'était prononcée chaleureusement pour la création prompte, libérale, bienfaisante des compagnies de colonisation (1)

---

(1) La Commission avait pour président le regretté amiral Vallón, ancien député et gouverneur du Sénégal ; elle comprenait une vingtaine de membres et notamment tous les chefs des maisons de Commerce françaises en Afrique MM. Cyprien Fabre, Mante, Bohn, Verdier, Beraud, Buhan, Maurel, Albert Cousin, etc. — Elle consacra un grand nombre de séances, de Février à Mai 1891, à l'étude de la question.

Pour obtenir la promptitude dans la solution, la commission eut la hardiesse, saisie de l'examen d'un projet de loi, de déclarer qu'une loi n'était pas nécessaire, que « l'ar-« ticle 18 du sénatus-consulte de 1854 était conçu en termes « si généraux que le gouvernement français pouvait concéder « par décret aux compagnies de colonisation les avantages « et les droits qui étaient énumérés », ajoutant que « les « nécessités de notre situation coloniale imposaient au gou-« vernement le devoir d'user sans retard de cette faculté. »

C'était là une résolution d'une importance capitale qui n'était pas pour me déplaire, vu la conception que j'avais de mon rôle et de mes attributions, mais que je n'avais rien fait pour provoquer. C'est de son plein gré que la commission du conseil supérieur des colonies s'y rallia, avant tout désireuse d'aboutir (1). A l'assemblée plénière, la discussion s'ouvrit sur ce point, ardente, décisive. Jules Ferry, partisan convaincu des compagnies de colonisation, était très frappé des inconvénients, des dangers qu'il y avait à se passer du Parlement : « On crée un droit nouveau qui a besoin d'une réglementation nouvelle, disait-il... Vous voulez vous passer du Parlement, c'est la chose au monde que le Parlement tolère le moins... Vous ne ferez accepter ce système ni par le Parlement, ni par l'opinion publique ; il faut en prendre son parti. »

On sentait dans la chaude parole de Jules Ferry la conviction qui l'animait, à savoir qu'il fallait demander au Parlement de faire entrer *ce droit nouveau* dans notre législation, et une fois cette consécration légale obtenue,

---

(1) Vu l'importance des conclusions adoptées par le Conseil supérieur, nous croyons intéressant d'en reproduire le texte complet aux annexes. (Annexe C.)

recourir hardiment à ce mode de colonisation, qui avait toute son approbation (1)

Tel n'était peut-être pas le sentiment qui guidait les autres adversaires passionnés de la proposition de la commission.

Ce fut le regretté M. Armand Rousseau, alors conseiller d'Etat qui, aidé de M. Paul Revoil et de mon collègue François Deloncle, discuta pied à pied et la thèse juridique et la thèse politique qu'on opposait à l'intervention *par décret*. Ils parlèrent avec une telle chaleur, une telle énergie une telle abondance d'arguments saisissants qu'ils obtinrent ce résultat imprévu d'amener une assemblée coloniale à résister à la voix haute et puissante d'un Jules Ferry.

A ces coloniaux réunis là, pénétrés des nécessités d'une nouvelle orientation de notre politique coloniale, on disait : « Le droit de créer des compagnies de colonisation réside légalement dans la constitution des colonies, dans l'article 18 du Sénatus-consulte de 1854. Le droit existe : or, il y a urgence à en user ; le temps presse, les nations rivales s'étendent chaque jour au moyen de compagnies ; non seulement leurs territoires africains et autres s'agrandissent ; mais ils prospèrent et les nôtres restent en friche, attestant à la fois notre ardeur à conquérir et notre impuissance à exploiter. Si vous saisissez le Parlement, les mois et les

---

(1) Jules Ferry apporta dans cette discussion la vigueur de dialectique, la netteté, l'âpreté même d'expression, la tenacité vosgienne qui lui étaient propres. Mais il semblait y avoir chez lui comme l'amertume des souvenirs qui lui restaient de ces ardentes batailles parlementaires soutenues à l'occasion de la Tunisie et du Tonkin. Vieux parlementaire, ayant souffert par le Parlement, si longtemps accusé de lui avoir caché la vérité, et en fin de compte tombé victime de ces lâches abandons, de ces peurs subites dont les Chambres sont coutumières, il parlait en homme à la fois convaincu et meurtri, qui entend faire bénéficier les autres de l'expérience si chèrement acquise. C'est ainsi que s'explique l'attitude presque intransigeante qu'il prit sur cette question de procédure devant une Assemblée Coloniale d'abord surprise de son langage.

années passeront sans amener de solution, alors que la solution est urgente, impérieuse » (1).

Un tel langage dont chacun pouvait en soi-même sentir la vérité, apprécier l'exactitude, devait convaincre le conseil supérieur des colonies, qui vota à une grande majorité une résolution conçue dans ces termes, savoir: « qu'il y avait lieu de favoriser la création de Compagnies privilégiées pour la colonisation et la mise en valeur de territoires situés dans les possessions françaises ou placés sous l'influence de la France ; que la concession de ces privilèges pouvait être faite par décret » (2).

Le conseil était bon à suivre, car, s'il avait été suivi, des compagnies de colonisation auraient été créées et fonctionneraient depuis longtemps, ce qui aurait été la meilleure manière de résoudre, depuis six ans, la question encore pendante à l'heure qu'il est devant le Sénat.

On sait ce qu'il advint. Tout en concluant en faveur de la procédure du décret, le conseil supérieur n'en avait pas moins retenu cette énergique parole de Jules Ferry : « Il est évident qu'il faudra toujours se présenter devant le Parlement ; croire le contraire serait une chimère. » On voulait bien aller de l'avant, faire quelque chose, agir vite, résoudre la question des compagnies à charte, à la manière du philosophe qui prouvait le mouvement en marchant ; mais en même temps on sentait que dans notre régime parlementaire

---

(1) Tous les orateurs favorables au système du décret invoquaient comme argument décisif les retards considérables d'une solution législative. Chacun avait supputé la durée de ces retards et croyait grossir un peu la vérité en parlant d'un délai de 3 à 4 ans. On n'avait pas osé prévoir plus que ce délai qui paraissait déjà exagéré et presque imaginaire. Or, nous voilà à la sixième année écoulée depuis ces discussions orageuses du Conseil supérieur des Colonies sur les avantages et les inconvénients de l'intervention législative, et la question n'est pas encore venue en première délibération devant l'une ou l'autre Chambre !

(2) Séance du Conseil Supérieur des Colonies du 20 Mai 1891.

tel que nous l'entendons, ou plutôt tel que nous le pra-
tiquons, rien ne peut se faire en définitive sans le Parlement ou malgré le Parlement. Mais comment concilier
ces deux tendances contradictoires? C'est M. Paul Deschanel
qui, dans une formule d'une aimable ironie, suggéra la
solution : « Que les chartes soient accordées par décret,
dit-il, en attendant le vote d'une loi organique : ce sera une
politesse envers le Parlement. » L'expression eut beaucoup
de succès et la combinaison aussi. Se tirer de la difficulté
par *une politesse* sembla très pratique et très habile.

Le Conseil entra aussitôt dans les vues de M. Deschanel
et vota la résolution additionnelle suivante qui lui parut
mettre d'accord les nécessités et les principes :

« Le conseil estime que, si le gouvernement juge à propos
de soumettre au Parlement une loi organique sur les compagnies de colonisation, les circonstances exigent qu'il n'attende pas, pour agir, le vote de cette loi dont la discussion
peut être fort longue, et qu'il use sans tarder des pouvoirs
que la législation lui confère. » (1)

Mais qu'allait faire le gouvernement en présence de cette
double manifestation du conseil supérieur en faveur de l'ini-

---

(1) Voici comment le compte rendu sténographique de la séance relate les circonstances de
ce vote.

M. *Deschanel.* — Pourquoi n'a-t-on pas voté sur ma disposition additionnelle ? ce serait
une politesse envers le Parlement (*Assentiment*).

M. *le Président.* — Je vais la mettre aux voix.

M. *Jules Ferry.* — Non, le Conseil ne veut pas de loi organique.

M. *Verdier.* — Nous ne repoussons nullement une loi organique.

M. *le Président.* — Voici le texte de la disposition additionnelle de M. Deschanel.

Plusieurs membres. — Cette disposition serait contraire au vote qui vient d'être émis.

D'autres membres. — Du tout! Du tout! Nous pouvons très bien voter cette disposition
additionnelle.

M. *le Président.* — Je la mets aux voix.

Le compte rendu ajoute : « La disposition additionnelle est adoptée — Un grand nombre
« de membres se sont abstenus. »

tiative gouvernementale d'une part et de l'intervention du Parlement de l'autre. Je ne fais aucune difficulté de déclarer que je fus, quant à moi, assez séduit par ce procédé qui présentait l'avantage de laisser à chacun son rôle en ces matières coloniales si complexes, si mal connues des chambres : au gouvernement l'initiative, l'action sous sa responsabilité; au Parlement le jugement, en dernier ressort et en connaissance de causes, des intentions et des actes.

Dans diverses circonstances décisives en Indo-Chine et sur la côte d'Afrique, je n'ai pas hésité à m'inspirer de cette pensée directrice et à agir d'abord, parce que c'était l'essentiel, sauf à solliciter ou à attendre le jugement des Chambres. Ce n'est pas à dire qu'il ne m'en ait rien coûté de procéder ainsi. Mais, tout compte fait, malgré les horions reçus et les rancœurs subies, je ne regrette rien, car j'ai la conscience d'avoir agi pour le bien de mon pays et de lui avoir laissé tout au moins le bénéfice d'iniatives qui m'ont survécu.

CHAPITRE VI

Projet gouvernemental

Consulté sur la question des compagnies à charte, le
Conseil supérieur des colonies disait en substance au gouvernement: « Le temps presse ; les nations rivales marchent
vite dans la conquête de territoires et de débouchés nouveaux.
Il faut agir de même et assurer à la fois la pénétration politique et la pénétration commerciale, la première sans la
seconde n'étant qu'un leurre. Allez donc de l'avant ; créez
des compagnies à charte par décret : vous en avez le droit
et le devoir ; l'intervention du Parlement n'est nullement
indispensable. Si toutefois vous tenez absolument à associer
le Parlement à votre œuvre, à lui faire une « politesse »,
saisissez-le, après coup, d'un projet de loi organique, mais
comme ce sera en tous cas très long (le conseil supérieur
se trompait-il ?) n'hésitez pas à agir, en attendant, par décret.
De la sorte, le Parlement pourra délibérer en paix et prendre
son temps sans inconvénient. »

Que fit le gouvernement ? Ce serait mal connaître les
gouvernements parlementaires que de les supposer capables,
non pas d'empiéter sur les attributions du pouvoir législatif,
ce qui serait fort grave assurément, mais de maintenir toujours avec fermeté leurs propres prérogatives. Le cabinet,
présidé par l'éminent M. de Freycinet, ne pouvait que

demeurer fidèle à ces traditions déjà anciennes et qui, du reste, lui ont survécu. On lui proposait deux choses conjointes et solidaires : faire acte d'énergie d'abord ; de politesse ensuite. Il préféra s'en tenir à la politesse, c'est-à-dire présenter un projet de loi sur les compagnies à charte avant de concéder des chartes. Qui pourrait s'en étonner et, étant données nos mœurs parlementaires, qui oserait l'en blâmer ?

Mon ami, M. André Lavertujon a dit un jour, au Sénat, dans une interruption, que je n'avais pas « osé » suivre l'avis donné par le Conseil supérieur des colonies. La vérité est que, tout en ne partageant pas les scrupules, d'ordre juridique et d'ordre parlementaire, des autres membres du cabinet le sous-secrétaire d'Etat des colonies ne pouvait que s'incliner devant l'opinion qui prévalut et qui s'appuyait sur l'autorité de Jules Ferry (1). Comme l'avait dit ce puissant esprit, si sincèrement ouvert aux choses coloniales, n'était-ce pas « un droit nouveau » qu'il s'agissait de faire entrer ou de plutôt de faire rentrer, sinon dans notre droit public, — car s'agit-il bien de droit public ? — mais dans « notre pratique coloniale » ? On ne pouvait créer l'organe avant de créer le droit qui devait lui donner naissance. D'ailleurs, le gouvernement estimait, en toute sincérité, qu'il était possible de faire statuer rapidement les deux Chambres sur une réforme qui semblait soutenue par un sérieux mouvement d'opinion. Obtenir une prompte solution législative, était donc l'objectif à poursuivre et, en l'atteignant, on donnait, en somme, satisfaction à la pensée patriotique du conseil supérieur

---

(1) Il ne faut pas oublier qu'il n'y avait alors qu'un Sous-Secrétaire d'État et non pas un Ministre des Colonies; — quelle que fut l'indépendance dont il jouissait, cela suffit à éclairer bien des points laissés dans l'ombre.

qui demandait, avant tout, d'aller vite, d'éviter tout retard.

Le gouvernement crut loyalement ou naïvement qu'en soumettant au Parlement un projet de loi très simple en deux articles, il lui offrirait le moyen de dire, dans un délai trés restreint, si oui ou non il était favorable à l'emploi .de cet instrument précieux de colonisation ; car aux yeux même de ceux qui préconisaient le plus ardemment l'intervention législative, l'essentiel était d'amener le Parlement à se prononcer sur la question de principe, sur le fond du débat et non sur ses détails d'application. Jules Ferry, avait déclaré avec sa franchise et sa vigueur habituelles. « Ne portez pas aux Chambres un projet de loi en vingt articles Réduisez-le, si c'est possible, à quatre ou cinq articles, *à un ou deux*, si vous voulez, mais portez-leur quelque chose. » M. Leveillé lui-même, l'adversaire intraitable des compagnies à charte, exprimait la même idée touchant l'intervention du Parlement :

« Nous demandions avant toute chose, disait-il, qu'une loi organique, très courte, intervînt et nous pensions qu'en faisant appel au patriotisme des Chambres, cette loi aurait pu être votée très vite. »

Le gouvernement crut expédient de suivre ce double conseil : de là le projet de loi en deux articles que je déposai le 16 juillet 1891 sur le bureau du Sénat : l'article 1er visait la création des compagnies privilégiées de colonisation, chargées de mettre en valeur les nouveaux territoires de la France d'outre-mer ; l'article 2 confiait au gouvernement, assisté du Conseil d'Etat, le soin de fixer les clauses et conditions de chaque concession (1).

---

(1) Voir aux annexes le texte complet du projet de loi avec l'exposé des motifs (annexe D et E).

L'exposé des motifs insistait sur « les considérations patriotiques qui avaient guidé le Conseil supérieur des colonies dans ses conclusions et demandait que le projet de loi fût voté sans retard ». C'est également dans la pensée de hâter ce résultat qu'au lieu de saisir la Chambre des députés, le gouvernement porta son projet au Sénat dont l'ordre du jour était moins chargé et qui venait de manifester clairement son ardent désir de s'occuper de l'organisation coloniale.

On sait ce qu'il est advenu de ces espérances : le Sénat est saisi depuis six années, et sa commission s'est bornée jusqu'à ces derniers temps à se voiler la face devant la rédaction sommaire du texte gouvernemental.

CHAPITRE VII

Quelques points d'interrogation

Autoriser la création de compagnies à charte suivant les clauses et conditions à déterminer par le Conseil d'État, équivaut, a-t-on dit à l'envi, à un blanc-seing donné au gouvernement. Ce mot de blanc-seing à suffi pour tuer dans l'œuf la réforme proposée. On a oublié tout ce qui avait précédé la présentation du projet et tout ce qui devait en éclairer et le sens et le but, et l'on n'a pas voulu comprendre que pour aboutir il fallait se contenter de la sanction législative sur le principe même de la réforme et non sur les infinis et délicats détails de son application.

Les Chambres n'ont-elles pas donné maints exemples de délégations spéciales confiées au Conseil d'Etat pour assurer par décret l'exécution de maintes dispositions législatives? Depuis quelques années ne voit-on pas se développer sans cesse l'intervention des règlements d'administration publique, chargés d'expliquer, de compléter, d'appliquer des règles de principe simplement posées par le législateur?

Dans le même ordre d'idées, n'a-t-on pas vu le Sénat, voulant réaliser la réforme, si légitimement réclamée, de l'instruction secrète, réduire cette réforme au strict minimum, écarter tout ce qui pouvait l'étendre et la perfectionner, de peur d'en compromettre le succès? Cette tactique parlementaire s'impose aujourd'hui toutes les fois qu'on veut aboutir, car c'est en pareille matière que l'on peut dire avec certitude que « le mieux est l'ennemi du bien ». N'est-ce pas précisément pour étudier en toute liberté et préparer à son aise l'application des réformes hâtivement votées, pour parachever l'œuvre législative souvent incomplète, que le Conseil d'Etat a reçu mission d'édicter cette longue et instructive liste de règlements d'administration publique, qui statuent parallèlement à la loi, sur les plus graves et les plus importantes matières de notre droit administratif?

Là aussi, il y a comme un blanc-seing permanent, au sens où la commission sénatoriale a employé ce terme; mais pourrait-on dire qu'il y ait eu abus, et s'est-on jamais sérieusement plaint en France de la latitude laissée au Conseil d'État dans sa collaboration législative ?

Il semble, au contraire, que dans ces dernières années, les Chambres aient une tendance de plus en plus marquée à confier à cette assemblée le soin de compléter leur œuvre, souvent hâtive et inachevée.

Ce que je ne puis comprendre, c'est que ce soit précisément en une matière aussi nouvelle, aussi délicate que celle des compagnies de colonisation, alors que la législation coloniale a pour base fondamentale le décret en Conseil d'État, quand ce n'est pas le décret simple, que l'on ait songé à rompre avec une procédure qui a pour elle une longue ancienneté, des avantages de célérité et de précision incontestables, sans parler de cette admirable facilité de se plier aux circonstances et de bénéficier des progrès réalisés autour d'elle.

En écartant *de plano* le projet de loi de 1891, comme trop sommaire, comme accordant un blanc-seing dangereux au gouvernement, en voulant y substituer un projet vaste et complet comportant toutes les modalités de la réforme proposée et soulevant tous les problèmes de l'organisation coloniale, en consacrant à ce travail préparatoire, encore en préparation à l'heure qu'il est, six longues années perdues pour la colonisation française et gagnées par nos rivaux, le Sénat paraîtra avoir encouru une grave responsabilité dont une large part doit retomber sur les gouvernements qui, sans intervenir, ont laissé se prolonger ce singulier état de choses.

Bien des années ont passé, bien des événements se sont produits depuis que la nécessité m'était apparue de confier l'exploitation de nos immenses territoires inutilisés, en Afrique et ailleurs, à des compagnies privilégiées qui auraient été les premières intéressées à la mise en valeur du pays. Sans avoir perdu la confiance que m'inspirait ce puissant instrument de colonisation, qui a fait merveille à côté de nous, je me demande avec inquiétude s'il ne sera pas trop tard quand sonnera l'heure encore si lointaine du vote de la loi.

Aurons-nous alors cette foi dans le succès sans lequel rien de nouveau ni de grand ne peut être tenté? Aurons-nous rendu courage et confiance aux capitaux sans lesquels nos vastes solitudes africaines resteront en friche? Saurons-nous créer avec tous ses éléments de vitalité et laisserons-nous se mouvoir avec l'indépendance nécessaire, ces compagnies à charte que nous aurons si longtemps attendues? Et ne rencontreront-elles pas des habitudes prises, des situations acquises, des errements anciens qui seront

autant d'obstacles à leur constitution d'abord, à leur succès
ensuite ?

Telles sont les doutes qui m'assaillent en terminant cette
étude. J'ai été et je reste un colonial impénitent. Mais pour
que notre domaine d'outre-mer soit un jour mis à profit
pour la grandeur morale et matérielle de la patrie, il n'est
que temps de donner au gouvernement et surtout au ministre responsable l'initiative et l'autorité nécessaires pour
réaliser toutes les réformes indispensables et au premier
rang celle de nos procédés de colonisation. A cette seule
condition, le succès est probable, il est permis de dire qu'il
est certain.

CHAPITRE VIII

Objections d'un **COLONIAL**

Il me paraît à la fois convenable et utile de reproduire à la suite des lettres parues dans le *Temps* les très aimables et très intéressantes objections qu'elles ont provoquées de la part d'un « Colonial » et que le journal avait très justement accueillies.

Voici cette lettre sans commentaires ou annotations, me réservant de la faire suivre de ma réponse avec tous les compléments nouveaux qu'elle m'a paru comporter :

Au directeur du *Temps*

Monsieur le directeur,

M. Etienne jouit, dans notre monde colonial, de la plus grande et de la plus juste popularité. La période pendant laquelle il a occupé le sous-secrétariat des colonies a été un vrai temps de semailles ; on lui est reconnaissant d'avoir avec l'ampleur de vues et l'esprit d'initiative et de décision d'un homme d'Etat, donné un programme et des conceptions d'ensemble à un service qui vivait au jour le jour avant lui. Et on l'aime pour l'ardeur toujours prête à servir qu'il a conservée pour les questions qui nous intéressent. C'est vous dire que les lettres qu'il vient de vous adresser ont fait sensation parmi nous.

Sa foi dans l'efficacité des compagnies de colonisation a des fidèles, mais elle a aussi des sceptiques. Je suis de ces derniers. Je ne crois pas manquer à mon respect pour lui en vous en donnant les raisons. Vos lecteurs auront ainsi un avant-goût d'un débat qui sera sans doute prochainement porté au Parlement.

M. Etienne tire avantage d'une citation de l'*Encyclopédie* on pourrait lui en opposer une autre qui n'a pas moins de poids. La question des compagnies de colonisation s'est posée à Napoléon. Si jamais il y a eu un observateur qui ait pénétré ce dont le tempérament français pouvait ou non s'accommoder, c'est assurément celui-là : la tunique qu'il nous a collé sur la peau est si juste qu'il semble que nous ne pourrons jamais l'arracher. Eh bien, il se prononça pour la négative.

« L'empereur, revenant ensuite à la Compagnie des Indes, a dit que c'était une grande question que le monopole d'une Compagnie ou la liberté du commerce pour tous. Une compagnie, observait-il, plaçait de très grands avantages entre les mains de quelques-uns, qui peuvent faire très bien leurs affaires, tout en négligeant celles de la masse ; aussi toute compagnie dégénérait-elle bientôt en oligarchie, toujours amie du pouvoir et prête à lui donner secours ; et, sous ce rapport, les compagnies tenaient tout à fait du vieux temps et des anciens systèmes. Le commerce libre, au contraire, tenait à toutes les classes, agitait toutes les imaginations, remuait tout un peuple ; il était tout à fait identique avec l'égalité, portait naturellement à l'indépendance, et, sous ce rapport, tenait beaucoup plus à notre système moderne. « Après le traité d'Amiens, qui rendait à la France ses possessions dans l'Inde, j'ai fait discuter devant moi, longtemps et à fonds, cette grande question ; j'ai écouté des hommes du commerce, entendu des hommes d'État, et j'ai prononcé pour le commerce libre, et rejeté les compagnies. *(Mémorial de Sainte-Hélène,* Ed. Garnier, tome IV, p. 121.)

Sous la monarchie, le souverain était le roi, le domaine était le domaine du roi. Le roi pouvait déléguer une portion de sa souveraineté et donner un privilège exclusif sur une partie de son domaine, sans qu'un doute sur son droit vint à l'esprit de personne. Depuis, nous avons fait la Révolution qui a été un grand changement. Aujourd'hui le peuple est souverain le domaine est domaine national. La conscience populaire accepterait-elle sans se sentir lésée au plus intime de ses convictions démocratiques qu'une portion de territoire soit interdite au commun des citoyens pour le profit de quelqu'un ? Napoléon qui tint toujours si grand compte de la force de l'instinct égalitaire, ne l'a pas cru ; et je ne vois point qu'il ait surgi de raisons de le croire.

Mais laissons les principes. Les arguments que j'ai à présenter sont d'une nature beaucoup plus humbl.

Avant de discuter s'il y a lieu de créer des compagnies de colonisation, ne conviendrait-il pas d'examiner si nous avons des colonies qui comportent des compagnies de colonisation. Si nous n'en avons pas, pourquoi entamer une discussion toute platonique ? Or, il me semble bien que nous n'en avons pas.

Une compagnie de colonisation se conçoit dans un terri-

toire où aucun autre intérêt n'est encore créé et où par consé-
quent, il n'y a personne à déposséder. Elle se charge d'organiser le territoire, et comme compensation on lui concède
le privilège de l'exploiter ; c'est ainsi que les choses se
passaient pour nos compagnies des siècles derniers, c'est
ainsi qu'elles se sont passées récemment pour la Chartered
et pour la compagnie anglaise du Niger. Elles ont agi sur
des pays encore vierges où les blancs n'avaient pas encore
pénétré, où le gouvernement n'avait encore fait que sur le
papier acte de possession.

Où possédons-nous des territoires dans ces conditions ?
Ce n'est pas sur la côte d'Afrique. On fait annuellement et
sans grande compagnie, pour 10 millions d'affaires dans la
Guinée ; pour 7 à la côte d'Ivoire, pour 21 au Dahomey,
pour 10 au Congo. La place est prise. Ce n'est pas au Soudan,
nous avons déjà dépensé 150 millions pour l'occupation du
pays. L'Etat a déjà construit lui-même une partie du
chemin de fer qui doit le rendre accessible. En supposant
qu'il se trouvât une compagnie disposée à assurer la charge
des 7 millions que cette colonie coûte encore chaque année
à la métropole, admettrait-on que cette avance de 150 millions
et que ce chemin de fer construit par l'État soient aban-
données à des particuliers ? Là aussi, il y a situation acquise
et on ne peut changer de système. Ce n'est pas davantage à
Madagascar pour des raisons qui sautent aux yeux. Ni dans
l'Indo-Chine maritime.

Restent le hinterland du Congo et le Laos. Dans ces deux
régions, nos frais d'occupations sont restés minimes jusqu'à
ce jour et les intérêts privés français sont ou nuls ou de peu
d'importance. Mais les journaux d'Indo-Chine nous annon-
cent que le Laos va être relié à la mer par un service de

messageries régulier sur les biefs du Mékong. Les commerçants vont donc certainement y pénétrer promptement. Et le hinterland du Congo est précisément le siège de l'une des deux grandes compagnies qu'une décision du Conseil d'État a rendues à l'existence.

J'en conclus donc qu'une loi de principes sur les compagnies de colonisation resterait sans application, faute de territoires où elles sont applicables. Alors à quoi bon l'entreprendre ?

Il se pourrait qu'il y eût, dans l'engouement que je vois à quelques personnes pour cette institution, l'effet d'une secrète défiance à l'égard des aptitudes colonisatrices du Français. C'est pour elles un pis aller : puisqu'ils ne colonisent pas individuellement, ils coloniseront peut-être par grandes compagnies. Ces personnes se trompent. Il s'est formé plusieurs grandes compagnies en France au dix-septième et au dix-huitième siècles ; aucune n'a réussi. Peut-être est-ce pure coïncidence, peut-être aussi est-ce parce que l'instrument ne convient décidément pas à notre race ; le fait, en tout cas, n'est pas de nature à nous inspirer en lui une grande confiance. En revanche, la colonisation individuelle a opéré chez nous des miracles. Quelle est la nation, en effet, qui pourrait montrer une création plus étonnante que notre colonie de Saint-Domingue dont le commerce s'élevait, en 1789, à 716,715,962 livres ? Dira-t-on que nous avons changé depuis un siècle ? C'est qu'on ne sait pas que de 1875 à 1897, en quinze ans, nos colons ont planté cent mille hectares de vignes et apporté 300 millions de francs en Algérie pour ce travail. Quand elle a donné de pareilles preuves de vitalité, comment peut-on douter que la colonisation individuelle suffise à la mise en valeur de notre domaine colonial ?

Qu'on la délivre de ses entraves ; qu'on démolisse ce régime douanier de 1892 qui est le pire de tous ceux qui ont réglé les rapports des colonies avec la métropole depuis qu'il y a des colonies, qu'on permette aux administrations locales, en les émancipant dans la mesure du possible, d'accomplir vite, bien et à bon marché pour l'aider, ce qui est en tous pays la mission des gouvernements, que l'État lui épargne les tâtonnements en prenant à son compte les premières expériences à faire dans les pays nouveaux, qu'on l'instruise par une publicité bien entendue sur les projets à réaliser, et s'il y a quelque part des chances de fortune suffisantes pour l'attirer pourquoi douter qu'elle ne recommence les plantations de Saint-Domingue et de l'Algérie ?

Un Colonial.

CHAPITRE IX

Réponse et Conclusion

Au directeur du *Temps*,

J'aurais mauvaise grâce à me plaindre d'avoir trouvé dans les colonnes du *Temps*, sous la plume experte d'un vrai *colonial*, une très ingénieuse réfutation de la thèse que j'ai longuement soutenue ici même sur les Compagnies de colonisation.

Je ne chercherai pas à soulever le voile sous lequel se cache mon trop aimable et distingué contradicteur. Il me suffit de reconnaître qu'il est du nombre de ces coloniaux droits et sincères qui ont beaucoup vu, beaucoup appris et beaucoup retenu ; qui ont le courage de leur opinion, à qui l'attrait du présent ne fait pas oublier les services du passé ; qui ont le cœur assez haut placé pour rendre justice à un homme qui a quitté le pouvoir depuis cinq années, et dont ils osent même ne pas partager toutes les idées sans pour cela se croire obligés d'incriminer sa personne ou ses actes — au contraire. A ces divers titres, il m'est agréable de remercier mon contradicteur et de discuter avec lui sur le sujet qui nous sépare.

A la citation de l'*Encyclopédie* à laquelle, d'ailleurs, ie n'aurais pas attaché tant d'importance si M. Hanotaux y en avait attaché moins, il veut bien opposer tout d'abord l'opinion défavorable de Napoléon, tirée du Mémorial de Sainte-Hélène. Pour bien connaître le sentiment de Napoléon, j'aurais, je l'avoue, préféré une citation plus personnelle tirée, par exemple, de sa correspondance dont on publie en ce moment les parties inédites. Je ne tenterai pas de rechercher le plus ou moins de confiance que doivent inspirer ces confidences quasi posthumes du grand homme au déclin de sa vie. Là n'est pas la question. Elle est tout autre. Quelle que soit l'admiration, non tout à fait exempte de fétichisme, dont on entoure tout ce qui se rattache à Napoléon dans les diverses branches où s'est exercée sa géniale activité, il me sera bien permis de faire remarquer qu'il est difficile de considérer ce puissant cerveau comme une autorité en matière coloniale (1). Hypnotisé par son rêve d'hégémonie européenne, il a trop méconnu le rôle et des colonies et de la marine comme facteur de la puissance qu'il rêvait de constituer. La citation même du Mémorial de Sainte-Hélène ne témoigne-t-elle pas que Napoléon, ou tout au moins son fidèle Las Cazes, ne se faisait pas une idée bien exacte de ce qu'étaient alors les colonies françaises ? A la manière dont il est parlé du traité d'Amiens, qui rendait à la France « ses possessions dans l'Inde », ne semble-t-il pas qu'il s'agit de la reconstitution de l'empire

---

(1) Je suis surpris que l'étude des Colonies sous Napoléon n'ait pas encore tenté un des écrivains qui ont alimenté la littérature napoléonienne aujourd'hui plus abondante que jamais. Il y aurait là un livre curieux à faire et qui serait au moins aussi intéressant que ceux qui nous font pénétrer dans les coulisses de la vie intime du grand homme. Mais je suis convaincu qu'une telle publication puisée aux sources ferait ressortir la médiocrité, d'ailleurs voulue, du rôle colonial de Napoléon. Il a paru il y a un an une étude du colonel de Poyen, sur la Réunion et Maurice, qui mettait en lumière l'abandon dans lequel étaient laissées par le gouvernement impérial ces colonies à la veille d'une attaque de l'Angleterre, qui réussit sans peine à s'en emparer.

de Dupleix, alors que nous n'y reprenions que les pauvres et glorieux débris de notre domination à jamais disparue? N'y a-t-il pas comme une évidente disproportion entre le fait de la restitution de nos cinq établissements indiens et l'idée, si fugitive qu'elle ait été, de rétablir sur ces fragiles bases une nouvelle compagnie des Indes? (1)

D'ailleurs, dans l'état d'esprit aux tendances libérales où se trouvait le prisonnier de Sainte-Hélène, il ne pouvait et ne devait considérer la question des compagnies privilégiées que comme une question de principe. Si, consul ou empereur, il avait eu le loisir ou avait été dans la nécessité de s'attaquer aux dures réalités du problème colonial, nul doute que son puissant cerveau, si ouvert au côté pratique des choses, n'eût consenti à recourir aux seuls moyens d'action propres à assurer l'œuvre de la colonisation

C'est que les principes qui doivent régir la matière coloniale ne sont pas toujours ceux qui ont présidé à la vie sociale de notre vieille France, même rajeunie par la Révolution. Il faut que les principes s'adaptent aux milieux nouveaux auxquels ils sont destinés à s'appliquer et non pas se livrer à ce travail surhumain qui consiste trop souvent à adapter les milieux aux principes que nous importons avec nous.

Mais laissons de côté les principes, comme dit mon contradicteur, et recherchons s'il est vrai, non pas qu'ils s'opposent à la création de compagnies privilégiées, mais

---

(1) N'oublions pas que dans le *Mémorial*, c'est Las Cazes qui parle ou fait parler Napoléon, lequel savait fort bien que la restitution du traité d'Amiens portait sur quoi? — sur Pondichéry, Mahé, Chandernagor et Karikal et qu'il n'y avait pas là de quoi constituer un monopole pour une compagnie sur le plan de la Compagnie des Indes. C'est donc, — qu'on me passe l'expression — pour la galerie et la postérité que le fidèle Las Cazes met, à ce propos, dans la bouche de Napoléon une théorie sur la liberté d'exploitation coloniale opposée au système du monopole.

que nous n'ayons pas de territoires comportant l'emploi d'un tel procédé de colonisation. Si l'objection portait, elle serait grave et détruirait toute la thèse. Mais a-t-elle bien pu être présentée par un vrai *colonial*, c'est-à-dire par un homme qui ne se paye pas de mots, qui, ayant vu les réalités tangibles derrière les formules trompeuses dont on les pare trop souvent aux colonies, sait exactement à quoi s'en tenir sur les territoires plus ou moins explorés, à peine occupés et nullement organisés, qui constituent les trois quarts de notre domaine africain et la moitié de notre domaine asiatique ? (1)

Il est vrai que dans l'Est africain, dans l'Afrique australe, les compagnies à charte créées par l'Angleterre ont trouvé à leur origine, au point de vue de l'extension territoriale, de l'action politique, presque tout à faire, et s'en sont du reste fort bien acquittées (2). Cette partie de l'œuvre coloniale a été, au contraire, accomplie en France par l'État, à défaut de compagnies, et par la raison que le temps pressait, qu'il fallait lutter de vitesse. Mais est-ce à dire que les compagnies

---

(1) Il en est ainsi parce qu'il n'en peut pas être autrement, et nous n'avons pas à nous offusquer de cette vérité. Nos possessions sont d'origine trop récente, leur conquête a été à la fois trop rapide et trop générale pour que nous ayons pu faire autre chose que les reconnaître sommairement et en dresser l'inventaire. C'est là un aveu qui ne coûte rien à notre amour propre, et qui doit, à l'heure actuelle, servir de point de départ à notre volonté de modifier cette situation par des moyens appropriés. L'optimisme, au contraire, outre qu'il ne serait pas justifié, aurait l'inconvénient de nous endormir dans une fausse sécurité, au point de vue de l'avenir économique de nos colonies.

(2) Voici comment Lord Salisbury appréciait leur œuvre ainsi que la méthode anglaise qui avait assuré leur succès, en la comparant à la méthode française. « Nos amis de l'étranger, » disait-il le 19 mars 1891 à Glasgow, préfèrent agir en tout officiellement, par les bureaux, au nom du souverain de l'État ; mais nous avons conduit presque toute notre affaire en mettant en avant trois grandes Compagnies, celle du Niger, du Sud-Africain et de l'Est-Africain. En matière politique, elles sont soumises nécessairement au gouvernement de le Reine ; mais elles se dirigent à leur façon et avec leurs ressources, dans une large mesure à leurs risques et périls, développant les régions qui leur ont été remises en charge. »

anglaises, et notamment la Compagnie du Niger, la *Chartered*, aient reçu en concession des territoires absolument vierges au sens étroit où on l'entend, où aucun intérêt n'avait été créé, où il n'y avait personne à déposséder, où le gouvernement n'avait fait que sur le papier acte de possession? Les choses ne se sont pas passées si simplement (1). Là, comme

---

(1) Qu'on en juge. Voici en peu de mots l'indication précise des conditions dans lesquelles les trois compagnies anglaises de l'Afrique ont été constituées et l'on y verra la preuve que les territoires conférés à ces compagnies étaient loin d'être des terres vierges où personne n'avait mis le pied, où ne s'était exercée ni revendication politique, ni action commerciale.

Compagnie anglaise de l'Est africain. — Plus connue sous les initiales presque symboliques d'I. B. E. A. Cette Compagnie existait bien longtemps avant de recevoir sa charte. Elle s'était constituée en fait en 1878 alors que le Sultan de Zanzibar était disposé à lui céder tous les territoires qu'il partagea plus tard entre les Anglais et les Allemands. C'est environ 10 ans après, le 3 septembre 1888, que la charte royale lui fut octroyée, et c'est le 24 mai 1887 qu'elle avait obtenu du Sultan de Zanzibar une concession territoriale bien moins importante que celle dont il avait été question en 1878. Quoi qu'il en soit, il est indubitable que l'œuvre politique assumée par cette Compagnie fut trop lourde pour ses épaules et nuisit, comme nous l'avons déjà indiqué, à ses entreprises commerciales. Elle a été obligée d'abandonner à l'Etat, d'abord le protectorat de l'Ouganda et de l'Onyoro, puis l'administration de divers points de la côte. Le gouvernement anglais l'a indemnisée d'une partie de ses dépenses politiques — montrant ainsi comment il comprend la protection des intérêts britanniques, et comment il traite une Compagnie, lors même qu'elle a échoué dans son œuvre.

Compagnie Royale du Niger. Royal Niger C°. — Comment s'est-elle constituée, quel était la situation du commerce du Bas-Niger lorsqu'elle a obtenu une charte, c'est la section africaine de la Chambre de commerce de Liverpool — ardent adversaire de la Compagnie — qui va nous le dire en substance : « Le Commerce du Niger a été établi et fonctionne depuis un *demi-siècle*. Plusieurs maisons de commerce y étaient en lutte. En 1879, il y avait quatre maisons européennes, indépendantes, qui se faisaient une sauvage et ruineuse concurrence; mais quand elles se virent à la veille de faire faillite, elles se réunirent... De cet accord naquit l'*United african C°*. Mais de nouveaux concurrents survinrent, anglais, français, allemands. Une réorganisation s'imposa et la société devint la *National african C°*. Elle s'efforça d'absorber ce qui lui restait d'adversaires sur le Niger et acheta les maisons françaises qui y étaient établies. C'est qu'elle s'efforçait d'obtenir en sous-main une charte qui lui fut concédée le 10 juillet 1886 ». Le mémoire de la Chambre de commerce de Liverpool en date du mois d'octobre 1893 conclut textuellement en ces termes : « La charte de Compagnie lui a été accordée hâtivement, sans que l'on se soit occupé des réclamations des négociants anglais qui n'étaient pas englobés dans la Compagnie et *dont les intérêts ont été si gravement lésés* ». Comment prétendre, dès lors, que les Compagnies anglaises portent sur des terres vierges, non encore ouvertes au commerce et à la libre concurrence ?

Compagnie de l'Afrique Australe. British south africa C° Chartered. — Quant à la *Chartered*, aujourd'hui fameuse à tant de titres, serait-il vrai qu'elle ait reçu en concession des territoires où rien n'avait été tenté avant elle? Voici la réponse fournie par M. Pierre Leroy-Beaulieu, dans l'enquête qu'il rapporte de son voyage dans l'Afrique Australe : « Lorsque

chez nous à l'heure qu'il est, il y avait eu des pointes hardies d'explorateurs et d'officiers ; il y avait eu occupation de quelques postes avancés et qui étaient censés dominer un pays qu'ils ne dominaient plus à quelques portées de fusil ; là aussi, il y avait des courants commerciaux allant de l'intérieur vers certains points de la côte où étaient de longue date établis des commerçants européens, qui eux aussi assurément considéraient l'envoi de quelques traitants et l'échange de quelques tonnes de marchandises avec les indigènes du haut pays comme constituant des intérêts existants, des droits acquis à respecter !

Si le simple et imperceptible passage d'explorateurs, la rapide venue d'une petite colonne militaire, si l'arrivée de quelques ballots de cotonnades venant d'un comptoir du littoral devaient suffire à proclamer l'inaliénabilité du pays où ces menus faits de la vie coloniale se sont passés, oui, mon contradicteur a raison, la question des compagnies serait déjà résolue par la négative. S'il n'y a pas place pour des compagnies de colonisation, point n'est besoin d'en créer et la discussion ouverte à ce sujet reste oiseuse et académique.

Mais, vraiment, devons-nous considérer l'état actuel de

« l'Allemagne s'annexa en 1884, les côtes inhospitalières du Namaraland et du Damaqualand ; « l'Angleterre vit le danger et envoya dès cette même année 1884 des troupes dans le Béchuanaland, et en 1885, déclara soumis à l'influence britannique *tout le pays jusqu'au Zambèze*. On se borna d'abord à organiser en *colonie de la couronne* le Béchuanaland méridional, puis une convention fut conclue en 1888 avec Lobenguela, roi des Matabelès, qui accepta le protectorat anglais... M. Rhodes avait obtenu de nombreuses concessions minières du Roi des Matabelès ; il détermina la fondation de la *Bristish south africa Cº*... qui obtint le 29 octobre 1889 une charte royale, lui octroyant l'administration des immenses territoires nouvellement placés sous le protectorat. » (Voir les *Nouvelles Sociétés anglo-saxonnes*. Paris, 1897, p. 393 et 394). Ce qui est vrai des territoires au sud du Zambèze l'est plus encore de ceux du nord ou l'action du gouvernement, de même que celle des commerçants et missionnaires du Nyassa et du Chiré ont longuement précédé l'entreprise de la Compagnie. D'ailleurs, l'administration de ces territoires, au nord du Zambèze, n'appartient pas en propre à la Compagnie, qui a conclu avec le gouvernement un modus vivendi à cet égard.

nos possessions africaines comme constituant un tel progrès que nous ne devions pas essayer de l'améliorer par de nouvelles conditions d'exploitation ? Je veux bien admettre qu'il y ait telles parties de nos territoires facilement accessibles où il faille laisser l'effort individuel et la libre concurrence faire leur œuvre en sûreté. Mais l'énumération qu'en donne mon contradicteur est par trop large et optimiste. (1) Parce que la Côte d'Ivoire fait un commerce de 7 millions pour une étendue de côte et d'hinterland absolument considérable (2), parce que notre Congo avec ses immenses profondeurs inconnues donne un chiffre ridicule de 10 millions (3), devons-nous nous déclarer satisfaits et proclamer que tout est pour le mieux et qu'il n'y a qu'à attendre ? Parce que le Soudan est occupé militairement, devons-nous dire qu'il n'y a rien de plus à y faire pour l'utilisation économique, qu'il n'y a pas d'autre parti à en tirer ? Devons-nous oublier qu'il a existé en plein dix-neuvième siècle,

---

(1) Cette énumération est trop large car elle comprend tous nos territoires africains, sans avoir égard à leur situation propre qui diffère du tout au tout suivant qu'on se place au point de vue de l'action politique, de l'occupation effective, des relations avec les indigènes, des voies de communication, des moyens de transport ! Mettre sur le même pied, placer au même rang, au point de vue des conditions d'exploitation coloniale, une vieille colonie comme le Sénégal ouverte à tous, ou bien le long et mince ruban de zone côtière accessible au premier venu, et de lointaines et vagues régions sur lesquelles plane seule l'autorité nominale de la métropole, et où tout se coaliserait contre l'imprudent colon qui s'y aventurerait, me paraît être une illusion généreuse née d'une méconnaissance absolue de l'état de l'Afrique.

(2) Sait-on le commerce que fait la Côte d'Or anglaise, bien moins importante au point de vue territorial, quoique plus ancienne que notre colonie ? — 31 millions, dont 20 millions avec l'Angleterre, tandis que la part du commerce français à la Côte d'Ivoire ne dépasse pas 1.400.000 francs ? Sait-on que toute la région de Kong, malgré les traités Binger de 1888, n'a pas vu encore un seul commerçant, ni un seul comptoir français. En faisant abstraction de la question Samory, ne semble-t-il pas que cette partie de la boucle du Niger et tant d'autres analogues était comme prédestinée à recevoir une ou plusieurs compagnies à charte ?

(3) Pour bien apprécier ce que vaut ce chiffre de 10 millions pour notre Congo, il faut songer à ce qu'est cette colonie, à son admirable développement de littoral, à son hinterland qui touche d'un côté au Tchad, de l'autre au bassin du Nil. Et tout cela pour aboutir —

dans le haut Sénégal, une compagnie commerciale privilégiée, la Société de Galam et de la Casamance (1), et que cette société faisait sans effectif militaire, sans dépenses d'occupation, un commerce qui, pour la gomme, par exemple, n'était pas sensiblement inférieur à celui que nous faisons aujourd'hui après tant de millions de francs dépensés, tant de millions d'hectares occupés ? (2)

Certes, je suis loin de ne pas approuver l'ensemble de notre œuvre africaine, alors surtout que j'y ai participé dans une large mesure ; chacun sait ce que j'en pense, et je me suis souvent expliqué à cet égard, non sans étonner certains, qui auraient voulu me voir prendre parti dans les petites questions de personnes qui se sont agitées et qui doivent

---

ridiculus mus — à 10 millions de commerce, tandis qu'à côté, le Congo belge fait un chiffre de 32 millions. Il y avait place là pour trois et quatre grandes compagnies — dans le Haut Benito et le Campo — dans l'Ogoué — dans la Sanga — dans l'Oubangui. Il serait encore resté de vastes espaces à livrer aux entreprises de l'initiative individuelle, où aurait pu flotter le drapeau de la libre concurrence. Et, qui sait, peut être qu'ainsi partagée entre quatre ou cinq grands domaines, notre colonie aurait été plus prospère qu'elle ne l'est sous le régime actuel, même avec application du tarif général des douanes. — Il paraît qu'un inspecteur général des colonies, revenant d'une mission d'inspection, aurait écrit au sujet du Congo : « C'est le chaos et le néant ». Je veux croire à une boutade malveillante d'un inspecteur inspectant une colonie en voie d'organisation comme s'il vérifiait la caisse d'un percepteur. Mais en admettant que ce jugement sévère contienne une part de vérité, qui doit-on accuser, si ce n'est notre méthode coloniale qui a la folle prétention de coloniser d'aussi gros et ingrats morceaux d'Afrique, avec quoi ? — avec la colonisation individuelle. Tel l'enfant dont parle Saint Augustin qui voulait vider la mer avec un coquillage !

(1) Voici comment s'exprimait, sur les opérations de la Société, les *Statistiques coloniales* de 1839, publiées par l'amiral Duperré, ministre de la marine et des colonies.

« Indépendamment de son Comptoir principal, qui est à Bakel, la compagnie possède dans la Haute Sénégambie un petit établissement situé à Makana, à vingt lieues au-dessus de Bakel... La compagnie entretient, en outre, dans le haut pays, suivant les besoins de ses opérations, des dépôts avancés de marchandises, soit à San-Sandin, sur la Falemé, soit sur un bâtiment stationné à Medina ou à Caignou, au-dessus des cataractes du rocher de Felou, à cinquante lieues de Bakel. »

(2) La gomme exportée du Sénégal et du Soudan en 1837 s'élevait au chiffre de 2.457.000 kilogs. Plus de cinquante ans après, en 1891, année de la dernière *Statistique coloniale*, l'exportation de la gomme du Sénégal et du Soudan avait atteint le chiffre de 4.334.000 kilogs, soit une augmentation de 1.800 kilogs — ce qui est peu, comparé à notre extension territoriale, à notre occupation militaire qui a plus que décuplé pendant cette période.

laisser insensibles ceux qui n'ont en vue que le bien du pays. Mais si nous devons être fiers de tout ce que nous avons fait pour constituer, consolider, agrandir notre empire colonial, sachons reconnaître qu'il reste beaucoup à faire dans un ordre de choses tout différent, non moins digne de notre ambition et où les difficultés sont plus grandes peut-être. L'heure n'est pas de se croiser les bras : les travaux sont à peine commencés, les semailles à peine faites. Agissons, travaillons : c'est le fonds qui manque le moins. Sachons vouloir plus et mieux que nous n'avons obtenu. Et surtout ne nous laissons pas aller à la douce croyance que les résultats réalisés à Saint-Domingue et en Algérie viendront d'eux-mêmes dans des pays absolument nouveaux qui n'ont rien de commun avec notre colonie perdue et notre grande possession méditerranéenne.

Si l'effort individuel, la petite colonisation ont suffi dans le nord de l'Algérie et de la Tunisie, dans nos anciennes colonies, — et cependant nous sommes encore loin hélas ! de la prospérité qui semblerait devoir être la sanction du succès que l'on proclame, — ayons le courage de reconnaître que, pour une œuvre nouvelle, il faut des méthodes nouvelles, que l'instrument qui a pu servir soit aux portes de France, sur un sol et sous un climat peu différent du nôtre comme dans le nord de l'Algérie, soit dans une des grandes et riches Antilles comme à Saint-Domingue, à l'aurore du monopole des sucres coloniaux et du commerce des épices, est aujourd'hui sans emploi et sans force quand il s'agit de s'attaquer à ces mystérieux hinterlands africains et asiatiques que nous avons le droit de teinter à nos couleurs, mais où nous ne pouvons rien, où nous ne faisons rien, où nous ne sommes rien.

Dès lors pourquoi ne pas substituer à l'effort individuel, que nous savons impuissant pour une aussi vaste besogne, l'effort collectif, l'union féconde du capital et du travail, l'un et l'autre multipliés par la toute puissance de la collectivité et de la solidarité ? Il faut qu'on le sache, c'est à cette seule condition que la France pourra mettre en valeur ses nouvelles colonies et être à hauteur de la tâche qui lui reste à accomplir pour éviter d'être rangée, au point de vue colonial, au nombre de ces peuples dont Montesquieu a dit si fortement qu'ils étaient « *les hommes du monde les plus propres à posséder inutilement un grand empire* ». (1)

---

(1) Montesquieu, Grandeur et décadence des Romains, Amsterdam 1788, chapitre XXIII p. 275.

ANNEXES

ANNEXE A

RAPPORT de Monsieur Cazelles*, Conseiller d'État, Directeur de la Sûreté générale au Ministère de l'Intérieur, sur les clauses générales à insérer dans les chartes à accorder aux compagnies de colonisation.*

L'examen des conditions dans lesquelles la colonisation doit être entreprise fait ressortir les principes généraux suivants :

1º Dans les pays à civilisation ancienne et à constitution sociale stable, il n'y a à tenter que des entreprises de travaux publics destinés à mettre en valeur des richesses déterminées à l'avance — la Colonie peut être rangée dans la classe des colonies d'exploitation, non dans celles des colonies de population ;

2º Dans les pays incivilisés, tels que les îles du Pacifique et les régions de l'Afrique centrale, Haut Sénégal, Haut-Niger, Soudan auxquels on pourrait peut-être ajouter la Guyane, la domination politique des indigènes étant morcelée ou mal assise, la sécurité des entreprises doit être cherchée dans la constitution d'une unité artificielle. On l'obtient au moyen de traités ou arrangements faits avec les chefs indigènes par une même autorité inspirée par des vues d'ensemble. — Il y a donc avantage à réserver ces territoires à l'exploitation d'une entreprise privilégiée plutôt que de l'abandonner à la libre concurrence ;

3º Les entreprises de ce genre, pour être respectées par les indigènes, doivent être couvertes par la protection de la métropole. D'autre part, leur caractère doit être exclusivement pacifique et économique. Les contrats et arrangements que les directeurs de l'entreprise ont à passer avec les indigènes doivent être librement consentis par ceux-ci, et les Européens engagés dans l'exploitation doivent être, en tout temps, respectueux des usages sociaux et religieux des indigènes. La protection métropolitaine doit s'exercer par une force publique dépendant des autorités nationales instituées par l'État sur un point de la Colonie, en relations faciles avec la Métropole.

Il ressort de ces principes généraux que l'entreprise d'exploitation qui, suivant les régions pourra aussi devenir une entreprise de population, doit être dotée de droits étendus, qu'il doit être fait en sa faveur un abandon temporaire et réglementé d'une part de la puissance publique.

Son privilège doit se composer :

1º Du droit de monopole sur un territoire déterminé d'avance et sur tous les territoires que les négociations de ses agents pourront annexer au périmètre de son exploitation ;

2º Du droit de réglementer sur ces territoires les relations commerciales et industrielles des Européens entre eux et avec les indigènes ;

3º Du droit d'exécuter tels travaux publics qui seront jugés utiles à l'exploitation, de concéder ces travaux à des tiers ;

4º Du droit d'acquérir et de transférer la propriété du sol ;

5º Du droit d'exercer à son profit les droits de l'État, en ce qui concerne les mines et gisements de matières précieuses ;

6º Du droit de règlementer la chasse des animaux qui fournissent certains articles précieux de commerce.

D'autre part, l'exploitation devra être soumise aux obligations suivantes :

1º L'entreprise sera constituée d'après les prescriptions de la loi de 1867 ;

2º Elle sera dirigée par un Gouverneur nommé par l'État parmi les actionnaires, assisté d'un Conseil d'administration ;

3º Elle exercera les droits concédés par l'État en matière de règlementation sous réserve de l'approbation préalable du Gouvernement ;

4⁰ Les arrangements qu'elle pourra conclure avec les indigènes, soit qu'ils portent sur des questions purement économiques, soit qu'ils touchent à des relations d'ordre politique, ne seront exécutoires qu'après approbation du Gouvernement. Les agents de la Compagnie seront considérés, à cet effet, sur les territoires où s'exerce l'autorité indigène, comme des agents du Gouvernement, ils en rempliront l'office à l'égard des Européens, ils devront, à ce dernier titre, être agréés par l'autorité coloniale nationale ;

6⁰ A l'expiration de la durée de la concession, l'Etat prendra possession des travaux d'utilité publique exécutés sur le territoire concédé ou annexé sauf indemnité à prév ir. Il pourra en faire l'objet de concessions nouvelles, soit en bloc, en renouvelant ou en transférant le privilège d'exploitation du territoire colonial soit en le répartissant entre divers concessionnaires. Dans ce cas, il reprendra l'administration directe du territoire et ses agents entreront seuls en relation politique avec les chefs indigènes.

L'obligation de recourir aux Chambres, pour la constitution du mode d'exploitation des richesses coloniales que nous proposons, peut être remplie des deux façons, soit par la proposition d'un projet de loi qui règlerait une fois pour toutes dans ses grandes lignes les conditions que le Président de la République aurait à imposer aux Compagnies privilégiées quand ils les créerait par décret, — soit par la proposition d'autant de projets de lois particuliers qu'il y aurait de compagnies privilégiées à créer, chaque projet contenant les conditions à imposer à ces compagnies et les réserves en faveur de l'Etat.

Le secret qui s'impose à toutes les opérations préparatoires des entreprises coloniales à tenter, nous fait préférer le premier système. La diversité des conditions à imposer à une compagnie privilégiée, dépendant de la région à exploiter, ne nous paraît pas un obstacle insurmontable à la rédaction d'un projet de loi applicable à tous les cas. Ce projet, en effet, ne règle pas le mode d'exploitation d'une colonie particulièrement dénommée mais la façon dont le pouvoir exécutif aura à user de ses pouvoirs pour déterminer les conditions de l'exploitation. Ce projet pourrait se formuler, sauf modifications ampliatives, de la manière suivante:

Article premier. — Le Président de la République peut concéder et assurer pendant...... années, la protection de l'Etat à des Compagnies...... constituées d'après la loi de 1867, à l'effet de coloniser les territoires compris dans telles et telles limites.

Art. 2.— Ces Compagnies auront, pendant ce nombre d'années, le privilège exclusif d'acquérir en toute propriété, pour en jouir d'après la loi civile, tous les biens qui d'après cette loi peuvent devenir objet de propriété, — de faire le commerce, — de créer des industries, — d'exploiter directement ou par des sous-concessionnaires, pendant toute la durée du privilège, les mines, gisements de matières précieuses, cours d'eaux et forêts.

Art. 3. — Ces Compagnies auront la faculté de règlementer sous le contrôle de l'Etat et sous les conditions fixés par le décret de concession, les relations économiques des Européens entre eux et avec les indigènes.

Art. 4.—Ces compagnies seront administrativement rattachées à une Colonie ; elles seront administrées par des gouverneurs nommés par le Gouvernement ; leurs agents dûment commissionnés auront sous leur résidence l'autorité d'officiers de l'éta-civil, de police juridiciaire. A cet effet, ils recevront une commission spéciale de l'autorité nationale dans la colonie. Les arrangements et traités passés entre les agents de la Compagnie et les chefs indigènes devront être soumis avant toute exécution à l'approbation du Gouvernement.

Art. 5. — Le Gouvernement pourra, quand il le jugera convenable, organiser une administration civile et une administration judiciaire, sur les points où la population européenne rendra cette réforme utile.

Art. 6. — Chaque décret règlera les conditions de la reprise par l'Etat, à l'expiration du délai de concession, des travaux publics exécutés par la Compagnie dans l'intérêt de son exploitation.

Signé : Cazelles.

ANNEXE B

---

*PROJET de la Commission administrative
sur les Compagnies de colonisation*

ARTICLE PREMIER

§ 1. — Les Compagnies formées en vue de coloniser et de
mettre en valeur les territoires situés dans les possessions françaises ou placés sous l'influence de la France, doivent être constituées en sociétés commerciales.

§ 2. — Elles ont leur siège principal en France; les membres
de leur conseil d'administration doivent être Français.

§ 3. — Le président de la République peut, par décret rendu
en la forme des règlements d'administration publique, accorder
à ces Compagnies les avantages énumérés dans les articles 2 et 3.

§ 4. — Ce décret déterminera le territoire concédé aux Compagnies et les obligations qui leur sont imposées en échange des
avantages accordées.

§ 5. — La durée de la concession ne pourra excéder trente
années.

ART. 2

§ 1. — Les Compagnies pourront recevoir, pendant le nombre
années inscrit au décret, sous réserve des droits acquiis par
des tiers à la date dudit décret, concession du privilège exclusif
d'acquérir en toute propriété, pour en jouir d'après la loi civile,
tous les biens qui, d'après cette loi, peuvent devenir objet de
propriété.

§ 2. — De faire certains commerces et de créer certaines industries déterminées par le décret.

§ 3. — D'établir, sous condition d'approbation par décret, des
droits de péage et des droits d'entrée et de sortie sur le territoire
qui fait l'objet de la concession.

Art. 3

§ 1. — Ces Compagnies devront être administrativement rattachées à une colonie.

§ 2. — Leurs directeurs devront être agréés par le Gouvernement : l'agrément pourra toujours être révoqué.

§ 3. — Leurs agents pourront recevoir, en vertu d'une commission spéciale de l'autorité nationale de la colonie, les attributions
d'officiers d'état-civil et d'officiers de police judiciaire sur leur
résidence.

§ 4. — Les Compagnies pourront, sous l'autorisation du
Gouvernement, organiser une force de police indigène dont la
composition sera réglée et les officiers agréés par le Gouvernement.

§ 5. — Les arrangements et traités passés entre les agents des
Compagnies et les chefs indigènes devront être soumis avant
toute exécution à l'approbation du Gouvernement.

Art. 4

§ 1. — Les Compagnies ne pourront rétrocéder leurs concessions en totalité ou en partie qu'avec l'approbation du Gouvernement dans la même forme et sous les mêmes conditions que
l'acte de concession.

§ 2. — Elles devront respecter, sur les territoires de leur
concession, la liberté des cultes et tous les usages religieux non
contraires à l'humanité, et prêter leur concours à toutes les
mesures destinées à supprimer l'esclavage.

Art. 5

Les Compagnies pourront être tenues de pourvoir à tout ou
partie des frais de l'Administration civile ou judiciaire que le
Gouvernement jugerait à propos d'organiser pour le territoire
faisant l'objet de la concession.

Dans ce cas, les Compagnies devront être entendues avant la création des emplois.

ART. 6

Chaque décret règlera les conditions de la reprise par l'État, à l'expiration du délai de la concession, des travaux publics exécutés par les Compagnies dans l'intérêt de leur exploitation, et déterminera les cas de déchéance et les conditions de résiliation de la concession.

ANNEXE C

AVIS adopté dans l'Assemblée générale du Conseil Supérieur des Colonies le 6 juin 1891, sur la question des Compagnies de colonisation.

Le Conseil supérieur des colonies, saisi par le Gouvernement de l'examen d'un projet de loi relatif aux Compagnies de colonisation,

Sur le rapport de sa deuxième section et après en avoir délibéré,

, A émis l'avis suivant :

L'essai du système de colonisation par Compagnies privilégiées est la conséquence de la participation de la France au grand mouvement d'expansion qui entraîne l'Europe vers les pays nouveaux.

En présence de l'activité déployée par les autres nations dans l'occupation de ces territoires, principalement en Afrique, il est à craindre que la France ne se laisse distancer si elle ne s'assure pas dans le plus bref délai possible la possession effective des régions placées dans sa sphère d'influence.

Dans ces conditions, le Conseil estime que, si le Gouvernement juge à propos de soumettre au Parlement une loi organique sur les Compagnies de colonisation, les circonstances exigent qu'il n'attende pas pour agir le vote de cette loi, dont la discussion peut être fort longue, et qu'il use, sans tarder, des pouvoirs que la législation actuelle lui confère.

Le Gouvernement peut, en effet, en vertu de l'article 18 du

sénatus-consulte de 1854, attribuer par décrets, aux Compagnies de colonisation, la plupart des droits et des avantages qui constitueraient utilement le privilège nécessaire à l'œuvre qu'on attend d'elles. Ces décrets devraient être rendus en la forme des règlements d'administration publique.

En procédant ainsi, le gouvernement n'innovera pas à proprement parler. Il ne fera que concentrer entre les mains d'une société puissante l'ensemble des concessions qu'il a jusqu'ici, en vertu de pouvoirs qui ne lui ont jamais été contestés, accordées à des concessionnaires distincts.

Le Conseil supérieur, après avoir discuté en détail les conclusions du rapport de sa deuxième section, examinant les dispositions qui peuvent être insérées dans les décrets de concession rendus dans la forme susvisée, a déterminé de la manière suivante les garanties spéciales dont devrait être entourée la constitution des Compagnies privilégiées de colonisation, les avantages et les droits qui pourraient leur être concédés, les obligations à leur imposer en échange, enfin les mesures propres à réserver les droits de l'État et ceux des tiers.

§ I.

En ce qui concerne les garanties à exiger pour la constitution des Compagnies de colonisation :

1º Les Compagnies devront être constituées en sociétés commerciales ;

2º Les Sociétés ainsi constituées ne pourront contracter d'emprunt qu'après versement total du capital.

L'État devra contrôler rigoureusement la sincérité du versement exigé et des avantages particuliers stipulés en faveur des apports, ce contrôle n'entraînant, d'ailleurs, aucune garantie ni responsabilité quelconque de sa part ;

3º Le président et les trois quarts aux moins des membres du conseil d'administration, les directeurs et agents généraux des Compagnies privilégiées de colonisation devront être français ;

4º Le Gouvernement veillera à ce que les Compagnies soient

et demeurent toujours françaises. Leur siège social et leur siège principal devront être en France ;

5° Les sociétés ou les particuliers qui auront déjà fait des établissements ou des explorations sur les territoires à concéder auront, autant que possible, droit de préférence pour les concessions.

§ II

Le privilège des Compagnies de colonisation pourrait se composer de tout ou partie des avantages ci-après déterminés :

1° Le droit exclusif de propriété sur la partie inoccupée des territoires concédés, pouvant être considérée comme *res nullius*, sous la réserve des enclaves, voies d'accès ou de halage que l'État jugerait nécessaire de se réserver à toutes fins utiles ;

2° Le monopole des travaux publics et de leur exploitation ; de la recherche et de l'exploitation des mines et carrières ; de l'exploitation méthodique et régulière des forêts ; du commerce de l'ivoire, du corail, des nacres et perles.

Le tout sous la réserve des exploitations actuellement effectuées par nos nationaux et par les indigènes, toute idée de spoliation devant être nettement répudiée par le texte même du contrat ;

3° La faculté pour chaque Compagnie d'établir une banque jouissant du privilège d'émettre des billets et de la monnaie métallique fabriqués dans la métropole ;

4° Le droit de percevoir des taxes d'entrée, de transit et de sortie sur les marchandises, et des taxes de péage. L'État fixera l'assiette et le tarif de ces taxes ;

5° Le droit de percevoir, en échange de services publics, sur les indigènes et colons des contributions en espèces ou en nature dont l'État, sur les propositions de la Compagnie, fixera la quotité, l'assiette et le mode de recouvrement.

§ III

Les Compagnies de colonisation pourront exercer tout ou partie
des droits ci-après énumérés :

1o Droit d'organiser l'administration rudimentaire de toute
agglomération de colons qui viendrait à se former sur leur
territoire ;

2o Attribution, en vertu d'une commission spéciale du Gouvernement, des fonctions d'officiers d'état-civil et d'officiers de
police judiciaire aux agents de la Compagnie dans le ressort de
leur résidence ;

3o Droit pour la Compagnie d'édicter des règlements de police
soumis à l'agrément du gouvernement ;

4o Droit de constituer, dans le but d'assurer la sécurité intérieure de la colonie, une force de police européenne ou indigène
dont le commandement appartiendra exclusivement à des Français et dont l'organisation sera soumise à l'agrément du Gouvernement ;

5o Droit d'ouvrir et de conclure des négociations avec les
chefs indigènes ou avec les Compagnies étrangères. Les traités ne
deviendront définitifs qu'après ratification de l'Etat ;

6o Droit de sous-céder tout ou partie des avantages concédés,
sous réserve de l'approbation préalable de l'État.

§ IV

Le décret de concession déterminera les obligations imposées
aux Compagnies en échange des avantages concédés,
notamment en ce qui concerne :

1o L'exécution, s'il y a lieu, d'un programme de travaux
publics ;

2o L'obligation de respecter la religion, les lois et les coutumes
des indigènes, sauf en ce qu'elles ont de contraire à l'humanité ;

3o L'obligation de prêter leur concours aux mesures anti-escla-
vagistes.

§ V

En ce qui concerne les rapports de l'État avec la Compagnie :

1º L'État agrée les directeurs et agents généraux des Compagnies privilégiées de colonisation. L'agrément pourra toujours être retiré;

2º Il dresse, sur leurs propositions, le budget annuel de leurs dépenses d'administration, de police et de justice;

3º Il désigne et rétribue un fonctionnaire placé en qualité de commissaire de la République auprès des Compagnies pour contrôler leurs actes. Les fonctions de commissaire pourront être confiées au gouverneur de la colonie voisine.

Le commissaire de la République rend la justice sur le territoire de la Compagnie dans les mêmes conditions que nos consuls en Orient et en Extrême-Orient;

4º Les décrets de concession devront stipuler, d'une manière précise, la durée de la concession, les causes de déchéance et de résiliation et les conditions dans lesquelles les travaux exécutés par la Compagnie feront retour à l'Etat, à l'expiration du privilège;

5º La durée des privilèges commerciaux ne pourra excéder trente années.

Ils pourront être renouvelés.

§ VI

En ce qui concerne les droits des tiers :

Dans le cas où les intérêts de nos nationaux seraient lésés par la constitution d'une Compagnie privilégiée, les décrets de concession ou, à défaut, une commission spéciale détermineront les dédommagements qui pourraient leur être accordés.

ANNEXE D

---

*EXPOSÉ des motifs du projet de loi gouvernemental
déposé le 16 juillet 1891*

Un véritable mouvement d'opinion semble s'être fait jour en France en faveur de la création de Compagnies privilégiées formées en vue de coloniser et de mettre en valeur les territoires encore peu connus et inoccupés situés dans les possessions françaises ou placés sous l'influence de la France.

Il semble que le moment soit venu de faire l'essai d'un système qui, abandonné en France depuis plus d'un siècle, peut, dans les circonstances actuelles rendre des services et amener des résultats qu'on ne saurait attendre de la colonisation par l'État ou de l'initiative individuelle. Les nations coloniales sont entrées depuis plusieurs années dans cette voie et l'on peut dire que, sauf quelques exceptions, le succès est venue couronner leurs efforts.

Il était donc du devoir du Gouvernement de mettre cette question à l'étude : une Commission administrative saisie l'an dernier de l'examen des demandes de concession en Afrique a nettement conclu, après de longs et intéressants travaux qui seront placés sous vos yeux, en faveur de la mise en pratique en France du système des Compagnies de colonisation. Ses conclusions ont été soumises à l'examen du Conseil supérieur des Colonies. Cette assemblée, qui, à côté de membres du Parlement et de délégués élus des colonies, se compose de représentants autorisés de l'administration, du commerce métropolitain et des associations qui se sont fait une spécialité de l'étude des questions coloniales, s'est prononcée avec le plus grand empressement dans le sens de l'application immédiate de ce système : mû par cette considération, dont la portée ne peut vous échapper, qu'en présence de l'activité déployée par les autres nations dans l'occupation des pays nouveaux il était à craindre que la France ne se laissât distancer par elles, le Conseil supérieur a été amené à penser que le Gouvernement devait user sans retard des pouvoirs que le sénatus-consulte de 1854 lui confère et constituer par décret des Compagnies de colonisation sans attendre le vote d'une loi organique.

Tout en rendant justice au sentiment qui a dicté cette décision et sans vouloir rechercher s'il aurait ou non le droit, au point de vue légal, de procéder comme l'a indiqué le Conseil supérieur, le Gouvernement n'a pas cru devoir suivre la voie qui lui était ainsi tracée.

Nous estimons, en effet, qu'une question aussi importante, aussi nouvelle par rapport à notre droit public actuel, à notre organisation coloniale présente, ne pouvait être tranchée en dehors de l'intervention des Chambres et sans leur autorisation préalable.

Nous avons voulu, en vous soumettant un projet de loi, vous mettre à même de vous prononcer sur le principe même de la constitution des Compagnies privilégiées de colonisation ; si, comme nous l'espérons, vous vous déclarez, comme nous, partisans du système que toutes les nations coloniales ont mis en pratique, que tous les esprits versés dans l'étude de ces questions ont préconisé, vous reconnaîtrez en même temps qu'il convient de laisser au Gouvernement toute latitude pour déterminer, suivant le cas et les espèces, les clauses et conditions générales ou spéciales à insérer dans les contrats à intervenir pour créer les Compagnies de colonisation. Ce serait en effet une erreur de croire qu'il serait bon de constituer un type unique de Compagnie qui serait applicable dans tous les pays, sans distinction, où ce système pourrait être mis en vigueur. Nous pensons au contraire que les clauses et conditions à leur imposer, les avantages à leur accorder, devront varier de nature et d'importance suivant les territoires ou les Compagnies devront s'établir. Ce sont là des questions d'application qu'il appartiendra au Gouvernement de régler en s'inspirant des circonstances et des nécessités de la situation à laquelle il aura à faire face.

Tel est, Messieurs, le sens et la portée du projet de loi que nous avons l'honneur de vous soumettre et à l'appui duquel nous plaçons les travaux de la Commission administrative et du Conseil supérieur des Colonies qui ont étudié cette importante question.

Nous référant aux considérations patriotiques qui ont guidé le Conseil supérieur dans son vote touchant la nécessité de procéder d'urgence à la constitution de Compagnies de colonisation, nous vous demandons avec confiance de vouloir bien voter ce projet sans retard.

ANNEXE E

___

PROJET DE LOI DU GOUVERNEMENT
Déposé le 19 Juillet 1891

ARTICLE PREMIER

Des Compagnies privilégiées formées en vue de coloniser et de mettre en valeur les territoires situés dans les possessions françaises ou placés sous l'influence de la France, pourront être constitués par des décrets rendus dans la forme des règlements d'administration publique.

ART. 2

Ces décrets détermineront, pour chaque cas, particulier, la durée de la concession, les causes de déchéance et de résiliation, le territoire concédé à la Compagnie, les avantages et privilèges qui lui seront accordés et les obligations qui lui seront imposées, notamment s'il y a lieu, en ce qui concerne l'exécution de travaux publics.

Fait à Paris, le 16 juillet 1891.

Le Président de la République française,
Signé : CARNOT.

Par le Président de la République :

Le Ministre du Commerce, de l'Industrie
et des Colonies,
Signé : JULES ROCHE.

___

TABLE DES MATIÈRES

ANNEXES